窮思維 vs 富思維

財富選擇權

你的未來不是取決於環境，
而是行為致富

目標×行動×突破力

許哲睿 著

思維決定貧富，行動創造命運，富有從選擇開始

財富不是夢想！而是可規劃、可實踐的人生設計

目錄

目錄

目錄

序言

財富的選擇，行動的力量

財富，是這個時代最受關注的話題之一。它不僅影響我們的生活方式，更決定了我們能夠選擇怎樣的人生。然而，在無數關於致富的討論中，人們往往忽略了一個關鍵事實 —— 財富的累積並不僅僅是環境或機遇的產物，而更取決於我們的行為與思維模式。

行動，才是致富的關鍵。許多人渴望財富，但卻停留在幻想階段，期待著某一天幸運之神降臨。然而，現實世界的致富法則並非如此。每一位成功者的故事背後，無不是長期的努力與策略的累積。他們不僅擁有強烈的成功動機，更懂得如何將機會轉化為實際成果。正如本書所探討的 —— 致富不僅是金錢的累積，更是一種思維與行為的選擇。

選擇財富，從選擇思維開始

財富的第一步，是打破對金錢的迷思。許多人對金錢抱持矛盾的態度，一方面渴望富裕，一方面又認為金錢與道德無法並存。事實上，金錢本身沒有好壞之分，它只是一種工具，關鍵在於我們如何運用它。書中引用心理學家約瑟夫·墨菲（Joseph Murphy）所提出的「潛意識致富法則」，強調了金錢觀對於個人財富的影響——當我們真正接受財富、擁抱財富，我們才能開始吸引財富。

王永慶、郭台銘與許文龍的故事，便是財富創造的經典例證。他們雖然出身背景各異，卻都憑藉對未來的深刻洞察與堅定的行動力，逐步建立起屬於自己的事業版圖。王永慶以節儉與誠信創立台塑集團，被譽為「經營之神」；郭台銘則憑著精準的決策與國際布局，讓鴻海成為全球電子代工領導者；而許文龍以藝術與工業並重的理念，打造出奇美實業與奇美博物館，成為企業與文化並進的典範。他們的成功並非偶然，而是從年輕時便確立了對財富與價值的正確認知，並勇於追尋機會與實踐理想。本書透過這些真實案例，讓讀者理解財富不再只是遙不可及的夢想，而是一條可以被設計、規劃與實現的可行之路。

致富的三大法則

一、設定清晰的目標

所有成功的致富者都有明確的目標。他們知道自己想要什麼，並將財富視為達成更大目標的工具。書中指出，成功人士與普通人的最大區別，不在於天賦，而在於他們是否擁有長期的規劃與執行力。

二、行動比機會更重要

許多人認為財富來自於「運氣」，但事實上，機會往往是行動的結果，而不是行動的前提。輝達（NVIDIA）執行長黃仁勳在創立公司之前，早已在半導體與圖形處理技術領域深耕多年，不斷累積專業實力與產業洞察；台積電創辦人張忠謀更是在國際半導體界打下扎實基礎後，才回臺創立世界級晶圓代工企業。他們的共同點是——當機會出現時，他們早已準備充分，具備掌握並擴大機會的能力。本書強調機會往往藏在行動之中，唯有主動出擊、不懼挑戰，才能有真正抓住財富的可能性。

三、逆境中的突破力

每位成功者的背後，都是無數次的失敗與挑戰。當市場崩盤、企業遭遇困境時，富人與窮人的思考方式往往截然不同。窮人選擇抱怨環境，而富人則專注於解決方案。本書透過歷史與現代商業案例，讓讀者理解如何在困境中找到財富的契機，並學習到真正的「財富思維」。

為什麼要寫這本書？

這本書的誕生，不僅僅是對財富觀念的探討，更是一場關於選擇權的深度剖析。財富從來不只是金錢的問題，而是我們如何看待自己與這個世界的問題。透過這本書，我希望讀者能夠跳脫傳統對金錢的束縛，重新審視自己的選擇與行動，並開始踏上屬於自己的財富之路。

在這個變化迅速的時代，財富的形式已經不再局限於傳統的收入模式，智慧型投資、創業、數位資產等新的財富管道正在崛起。本書不僅探討傳統的致富法則，更提供了適應新時代的財富策略，讓每一位讀者都能夠找到適合自己的財富路徑。

財富的選擇權在你手中

當我們談論財富時，我們其實在談論選擇。選擇如何思考，選擇如何行動，選擇如何面對挑戰。這本書的核心理念正是：「財富的選擇權，不在於環境，而在於行動。」每個人都擁有改變命運的可能，只要願意付出努力，採取行動，未來就掌握在自己手中。

我誠摯地希望，這本書能夠成為你財富旅程的起點，讓你不再只是被動地期待機會，而是主動創造機會。當你翻閱這本書時，不僅是在學習致富的法則，更是在展開一場改變人生的對話。願這本書能帶給你啟發，幫助你在未來的日子裡，做出正確的財富選擇，成為真正的財富掌控者。

致富之道，從心態到行動

在這個現實的社會，財富不只是生活的保障，更是實現個人理想與影響力的重要基石。許多人嚮往財富，但真正能夠致富的人卻寥寥無幾。問題不僅僅在於機會，而是在於「致富的意願與行動力」。

財富的觀念決定你的未來

金錢並不等同於幸福，但擁有足夠的財富，確實能夠提供更多的選擇與自由。正如美國作家索爾．貝婁（Saul Bellow）所說：「錢，唯一的陽光。它照到哪裡，哪裡就亮。它沒有照到的地方，就是你看到的唯一發黑的地方。」雖然這句話可能帶有些許誇張的意味，但不可否認的是，缺乏金錢，許多美好的事物都難以實現。

古人有云：「心想事成」，這並非迷信，而是心態影響行動的體現。許多人雖然渴望富裕，但從未認真思考過如何去達成，甚至連第一步都沒有踏出。

改變心態，改變人生

以日本企業家孫正義為例，他出身於貧寒的韓裔移民家庭，但從小便立志成為企業家。他不僅努力學習商業知識，還積極尋找機會，最終創立了軟銀集團，成為亞洲最成功的企業家之一。他的成功並非偶然，而是源於他從小對財富的嚮往與堅持不懈的行動。

這樣的例子不勝枚舉。許多富人並非生來富裕，而是在機遇與挑戰中不斷學習與成長。他們的共通點在於：

1. **有清晰的財富目標**：他們知道自己想要什麼，並願意付出行動。
2. **不怨天尤人**：他們不會將貧窮歸咎於社會或環境，而是專注於如何突破困境。
3. **勇於行動**：當機會來臨時，他們願意承擔風險，勇敢前行。

平淡與安貧並非成功的藉口

有人說：「平平淡淡才是福。」但若缺乏基本的財務自由，如何確保這份平淡的幸福？「安貧樂道」固然是一種人生哲學，但若能夠擁有足夠的財富，不僅能改善自己的生活，還能幫助更多需要幫助的人。

比爾蓋茲（Bill Gates）曾說：「生活是不公平的，你必須適應它。」這裡的適應不是消極的接受，而是積極的改變。即便社會存在不公平，但透過學習、努力與機會的把握，我們仍然能夠改變自己的命運。

財富從信念開始

心理學家約瑟夫．墨菲（Joseph Murphy）在其著作《想有錢就有錢》（*Think Yourself Rich*）中指出，致富的關鍵在於將財富的概念內化於潛意識。他建議人們每天在放鬆時，對自己重複肯定語句，例如：「我欣然接受財富的到來，我會善用金錢，讓生活更加美好。」

這並非單純的心理暗示，而是一種正向心態的建立。當我們真心相信自己能夠致富，便會開始主動尋找機會，並以行動去實現目標。

富有始於心態，成於行動

致富並非遙不可及的夢想，而是一個可以透過正確的思維與行動達成的目標。

首先，要改變對金錢的觀念，擁有正向的財富心態；

其次，確立目標並付諸行動；

最後，在面對挑戰時保持堅持與學習的態度。

財富的道路沒有捷徑，但每一位成功人士的經驗都證明：當你開始認真思考致富的可能性，並勇敢行動時，改變便已經開始。

富貴從心態開始

在一座公園裡，一名街友悠閒地躺在長椅上，身旁擺著一個破碗，等待行人施捨。突然，一位衣著筆挺的律師走到他面前，鄭重地遞上一份文件：「先生，您的遠房親戚最近過世，留下 5,000 萬新臺幣的遺產給您，請您簽字確認。」街友驚喜萬分，連忙簽下名字，瞬間成為千萬富翁。

消息傳開後，其他街友紛紛圍上來，好奇地問：「你這麼有錢了，打算怎麼做？」他自豪地說：「首先，我要買個新碗，以後乞討時體面點；然後雇兩個保鑣，看誰還敢欺負我！」這番話令人啼笑皆非，也反映了一個現象：即使機會降臨，若沒有改變思維，財富也無法真正改變命運。

做夢不只是空想

許多人或許曾幻想過一夜暴富後的生活，但隨即搖頭嘆息：「明天的早餐在哪裡都不知道，還談什麼環遊世界？」於是，我們不僅不敢夢想，甚至讓現狀將自己框死，甘於平庸。然而，夢想並非遙不可及，而是未來成功的心理準備。臺灣知名企業家王永慶先生便曾說：「凡事預則立，不預則廢。」成功的關鍵不僅是努力，還在於是否擁有足夠的企圖心與行動力。

成功者的特質

我們總認為富人有過人的能力，然而，他們的力氣不比我們大，腦細胞也不見得比我們多。真正讓他們脫穎而出的，是更強烈的成功信念與行動力。對財富的渴望與追求，是成功的根基。正如戀愛一樣，若只是遠觀心儀對象，而不敢跨出第一步，那麼結果永遠不會改變。同樣地，財富不會憑空降臨，只有積極行動，才能真正擁有它。

致富的關鍵是積極心態

這裡並非提倡拜金主義，而是強調一種正確的致富觀念。無論多努力，如果每天重複著毫無熱情的生活，沒有明確的方向，財富永遠無法累積。心理學研究指出，真正擁有積極心態的人不超過 5%，大多數人或多或少都有消極傾向。而決定你是積極還是消極的關鍵，就在於「心有多大，世界就有多大」。

從夢想出發，創造未來

郭台銘，當年創辦鴻海精密時，僅有資本 10 萬元與幾名員工，卻立志要打造全球頂尖的科技代工王國。他曾告訴員工：「我們不做別人做過的事，我們要走別人沒走過的路！」正因為這樣的企圖心與執行力，鴻海一步步從小工廠成長為世界級企業。郭台銘曾回憶：「當初我也沒有十足的把握，但我相信，只要敢想、敢做，就一定有機會。」

改變思維，突破困境

財富與成功，並非天降，而是來自於對未來的規劃與行動。關鍵不在於機遇是否來臨，而是當機會出現時，你是否有足夠的準備與勇氣去把握。只要心態改變，行動積極，人生便能迎來轉機，走向真正的富足與成功。

你的現狀不決定你的未來

在求學時期，我的同學來自不同的家庭背景，有的是高官子弟，有的是大學教授的孩子，而我只是農家子弟。當時，深刻感受到社會資源的落差。記得大學一年級時，班上某位政府高層官員的兒子，每到週五都有司機開著豪華轎車來接他回家。而我們連一輛自行車都買不起，這樣的對比，讓人一度感覺人生已經注定。然而，生命總是在向前推進，我們要走的是一輩子的路，唯一能做的就是堅持走下去。回頭看，我很驕傲自己能夠從農家子弟進入大學，並一步步走到今天。

貧窮的心理陷阱

某社會研究機構曾進行調查，結果顯示至少有四分之一的人認為自己比周圍的人貧窮。在分析貧窮的原因時，大多數人會歸咎於社會環境，例如經濟制度、階級差異等，而不是從自身找問題，比如是否足夠努力、是否擁有必要的專業知識與技能。這樣的心態，就是典型的怨天尤人。

不可否認，社會環境確實有不公平之處，但將失敗完全歸咎於社會並無助於改變現狀。王永慶出身寒微，但他不因家庭貧窮而自怨自艾，而是努力學習經營之道，憑藉毅力和遠見，最終成為影響世界的企業家之一。如果一個人只會抱怨，卻從不檢討自己，即使讓他身處最優越的環境，也無法成功。相反，一個願意接受現實、不斷學習並努力改變自己的人，哪怕起點再低，終究能夠改變命運。

富人與窮人的思維差異

李嘉誠在年輕時曾發現，身邊的窮人並不像某些文學作品描述的那樣安貧樂道，反而常懷嫉妒與怨恨。當身邊某位朋友經濟改善時，其他窮人不僅不為他高興，反而會背後議論、詆毀他。而相較之下，較為富裕的人則更樂於聆聽成功故事，甚至願意學習他人的經驗，以提升自己。這反映出一個殘酷的事實：窮人往往窮在觀念上，他們不僅對賺錢缺乏積極樂觀的態度，還對富人懷有偏見，甚至寧願花時間抱怨社會不公，也不願檢討自身，尋找改善貧困的方法。

事實上，古今中外，「貧窮改變命運」的案例比比皆是。郭台銘、王永慶，都是從赤貧走向富裕的典範。成功者與一般人的最大差異，不是出生背景，而是願不願意行動、願不願意學習。如果一個人只是嫉妒別人的成功，而不願意從自己身上找問題，那麼，他不僅會一直貧窮下去，甚至連窮得都不值得同情。

從逆境中找到力量

美國石油大王約翰・D・洛克斐勒曾經在一封家書中，提到自己少年時的故事。他回憶起自己在學校時的一張班級合照，裡面全是來自富裕家庭的孩子，而他卻被攝影師請出畫面，理由是：「他的穿著太寒酸了。」當時，他心裡充滿失落，但沒有怨恨，而是暗自立誓：「總有一天，我會成為世界上最富有的人！」這份信念，最終推動他成為歷史上首位億萬富翁。

洛克斐勒的故事告訴我們，逆境本身不可怕，關鍵在於你如何看待它。如果一個人把逆境當作自怨自艾的理由，那麼，他永遠無法突破困境。然而，如果他能將逆境轉化為動力，不被當下的困難擊垮，反而堅持向前，那麼未來的成就將不可限量。

成功來自改變思維

貧窮不應該是一種宿命，而是一種挑戰。真正決定未來的，不是你今天的處境，而是你的思考模式與行動力。當你開始負責自己的命運，勇敢嘗試、持續學習，並保持積極的心態，你就已經踏上了改變命運的道路。記住，命運掌握在自己手中，只要不放棄，未來永遠值得期待。

挫折不是終點，而是成功的起點

背景與出身不是決定因素，真正的影響不是你的心態與行動力。

勤奮與堅持：從基層到企業巨擘

霍華．舒茲（Howard Schultz）的奮鬥故事，是一個從貧困家庭走向國際企業領袖的典範。他的努力與堅持，不僅改變了自己的命運，也讓星巴克成為全球知名品牌。

初入社會的磨練

霍華．舒茲出生於美國布魯克林的一個貧困家庭，父母的經濟狀況並不理想。為了減輕家庭負擔，他年輕時就開始兼職打工，從送報員到酒吧服務生，各種體力活他都做過。大學畢業後，他進入一家瑞典咖啡機公司擔任業務員，負責推銷咖啡機。

在這段時間，他展現出驚人的銷售能力，憑藉著積極態度與細心的客戶服務，他的業績迅速提升，成為公司內業績最好的員工之一。某天，他發現一家小型咖啡店 —— 星巴克，頻繁購買公司販售的咖啡機，這引起了他的興趣，讓他決定親自拜訪。

投身星巴克的挑戰

當時的星巴克只是一家位於西雅圖的小型咖啡豆零售店，並未真正發展成現今的咖啡連鎖品牌。然而，霍華．舒茲在深入了解後，看到了這個品牌的潛力，並極力爭取加入星巴克。最終，他成功應聘為市場總監，開始為品牌發展投入心血。

一次出差義大利時，他發現當地的咖啡文化與星巴克截然不同，義大利的咖啡館不僅是販售咖啡的地方，更是人們交流與休憩的場所。這啟發了他，他認為星巴克不應該只賣咖啡豆，而應該創造一種全新的咖啡體驗。

從創業到全球品牌

霍華．舒茲試圖說服星巴克創辦人改變經營模式，但未能成功。於是，他決定自己創業，籌資開設了一間名為「Il Giornale」的咖啡店，實踐他的想法。他的咖啡店採用了義大利風格，強調顧客服務與咖啡體驗，很快便受到市場歡迎。

不久之後，星巴克創辦人決定出售公司，霍華·舒茲抓住機會，籌資 380 萬美元成功收購星巴克，並將 Il Giornale 與星巴克合併，開始他的擴張計畫。他帶領星巴克進行品牌重塑，從西雅圖擴展至全美國，最終成為全球最具影響力的咖啡連鎖企業之一。

成功的信念

在一次訪談中，霍華·舒茲分享他的成功祕訣：「創業的過程充滿挑戰，但真正的成功來自於堅持不懈與願景。我不只是想賣咖啡，而是希望讓星巴克成為人與人交流的場所，創造一種新的生活方式。」

勤奮造就非凡成就

霍華·舒茲的故事告訴我們，成功並非偶然，而是來自於不斷的努力與對理想的堅持。他的奮鬥歷程，證明了勤奮與創新能夠改變命運，並在全球市場上創造屬於自己的價值。

成功的關鍵：出身，還是努力？

在談論成功時，許多人認為天時、地利、人和缺一不可。才華固然重要，但如果沒有機會，仍難以施展抱負。機會的到來即是所謂的「天時」，然而，即便有機會，若缺乏人脈或外部助力，仍可能錯失良機，這就是「人和」。有些人因家庭背景優渥，擁有更多資源與機會，而這讓他們更容易在職場或商場上取得成功。然而，成功真的完全取決於出身嗎？

事實上，社會充滿挑戰與機遇，對所有人來說，競爭都是公平的。只要勇於面對挑戰、把握機會，努力發揮自身潛能，往往能創造出乎意料的成果。正如哲學家所言：「如果你不想經歷挫折，那就只能選擇不嘗試。」人生旅途充滿困難與挑戰，但這正是鍛鍊自我的機會。

美國企業家史蒂夫．賈伯斯（Steve Jobs）便是一個典型例子。他出生於美國舊金山，一出生便被親生父母送養，養父母並非富裕階層，但他憑藉自己的努力與創新精神，最終改變了科技產業。

努力超越出身的限制

賈伯斯從小對電子產品充滿興趣，但因家境普通，他無法進入名校深造。即便如此，他仍選擇在里德學院旁聽課程，專注於學習自己感興趣的領域。後來，他與好友史蒂夫·沃茲尼克（Steve Wozniak）共同創辦了蘋果公司（Apple），從自家車庫起步，開始了改變世界的科技創業之旅。

創業初期，蘋果公司資金有限，賈伯斯只能四處尋求投資。他堅持不懈，終於成功推出 Apple I 電腦，開創個人電腦時代。隨後，Apple II 大獲成功，使蘋果公司迅速成長，成為科技界的領導者。

迎戰挑戰，創造機會

然而，賈伯斯並非一路順遂。1985 年，他因與董事會意見不合，被迫離開自己創立的公司。這段時期，他選擇創辦 NeXT 電腦公司（NeXT）並收購皮克斯動畫（Pixar）。在 NeXT 期間，他開發出先進的作業系統，最終被蘋果收購，使他得以重返蘋果。

回歸後，賈伯斯進行大刀闊斧的改革，推出 iMac、iPod、iPhone 等革命性產品，將蘋果推向全球科技產業的巔峰。他的遠見與創新精神，讓蘋果成為全球最具價值的公司之一。

勇敢迎接挑戰，
創造屬於自己的成功

人生沒有一條絕對平坦的道路，每個成功人士背後都有無數次的失敗與挑戰。無論你的起點如何，只要懷抱夢想、堅持努力，終將迎來屬於自己的高峰。因此，我們應該感謝生命中的困難與壓力，因為這些經歷將使我們更為強大，並一步步接近成功的彼岸。

成功的關鍵，一輩子的努力

童年困境

王永慶出生於嘉義的一個貧困家庭，家中共有七個孩子，生活極為拮据。父親是個農夫，母親則在家照顧孩子。他年幼時便幫忙家務，也時常到田裡幫忙耕作。

少年時期的挑戰

12 歲時，他開始幫忙家計，經常到市場販賣米糧，學習如何經營生意。由於家境困難，他沒有機會接受正式高等教育，但憑藉自身努力，他在日常買賣中學會了經商之道。

創業初期

王永慶 16 歲時，以微薄的資金租下米店，開始自己創業。因為他的誠信與努力，他的米店生意漸有起色，並擴展到其他地區。然而，在市場競爭日益激烈的環境下，他決定轉向其他產業發展。

轉戰塑膠業

1954 年，他投入塑膠產業，創辦臺灣塑膠工業公司（台塑）。當時塑膠產業尚未成熟，許多人並不看好他的選擇，但他憑藉對市場的敏銳洞察力與堅持，逐步克服困難。

初期，他面臨資金短缺、技術落後等挑戰，但他不斷學習、改進技術，甚至親自研究生產流程。經過不懈努力，他的企業終於站穩腳步，成為臺灣塑膠工業的龍頭。

事業版圖擴展

隨著台塑的成功，王永慶不斷擴展事業版圖，跨足石化、電子、醫療、教育等領域。他的企業不僅帶動臺灣經濟發展，也為社會創造了無數就業機會。

成功的關鍵

王永慶曾總結他的成功祕訣：

1. **絕不放棄**：即使面對困難，也要堅持信念，不斷突破。
2. **誠信經營**：以誠信為本，贏得客戶與夥伴的信任。
3. **不斷學習與創新**：持續提升技術與管理，讓企業保持競爭力。

有句話說：「能夠到達金字塔頂端的，只有兩種動物——雄鷹和蝸牛。」雄鷹憑藉天賦展翅高飛，而蝸牛則靠著堅持不懈一步步向上爬行。王永慶的成功正如蝸牛般，他並非一帆風順，而是在一次次挑戰中不斷突破，最終建立起龐大的企業帝國。

這個故事告訴我們，成功的關鍵在於持續努力，即使經歷無數次挫折，只要不放棄，終將迎來屬於自己的光輝時刻。

堅持，但別執迷！靈活變通才能賺錢

財富與成就來自不懈的堅持，但盲目的執迷只會讓人越走越遠。懂得堅持，也要學會變通。

治學三境界與人生哲學

學術界有一種著名的「治學三境界」理論，意在描述求學與追求理想的不同層次。這一理論不僅適用於學術研究，也可作為人生奮鬥、創業與追求財富的哲學。

第一境界：登高望遠，立志求索

「昨夜西風凋碧樹。獨上高樓，望盡天涯路。」—— 北宋詞人晏殊〈蝶戀花〉

這句詞原意描寫秋天景色蕭索，詞人登高遠望，滿懷惆悵。然而，學者將其引申為做學問的第一層境界 —— 立志與求索。

學問之路浩渺無垠，欲有所成就，必須心懷壯志，敢於遠望，無懼孤獨與困難。這如同創業者或財富追求者，必須擁有長遠的眼光，確立明確目標，方能啟程。

第二境界：孜孜不倦，堅韌前行

「衣帶漸寬終不悔，為伊消得人憔悴。」—— 北宋詞人柳永〈蝶戀花〉

這句詞原是詞人對愛情的執著與苦戀的表達，但學者將其轉化為學問的第二層境界 —— 不懈追求，即使歷經艱辛，亦無怨無悔。學問之道從來不是輕而易舉，必須經歷日復一日的努力與思索，才能有所收穫。這與創業者的精神如出一轍，無論遭遇多少困難與挑戰，都須堅守初心，不輕言放棄。

第三境界：頓悟通達，終得所願

「眾裡尋他千百度，驀然回首，那人卻在，燈火闌珊處。」—— 南宋詞人辛棄疾〈青玉案〉

這是學問的最高境界，象徵著經過長時間的努力與探索後，終於在不經意間獲得領悟。這一境界不僅適用於學術研究，也適用於人生各個領域，包括創業與財富追求。許多成功者在經歷無數次的失敗後，終於在某個關鍵時刻找到了突破點，這就是「燈火闌珊處」的頓悟時刻。

執著與孤獨：成功者的必經之路

這三種境界的核心精神只有兩個字 —— 執著。沒有執著，再遠大的志向也只是空談；沒有執著，在遭遇挫折時便容易放棄，無法走到最後的頓悟時刻。然而，執著的另一面往往伴隨著孤獨與寂寞。許多成功人士都曾經歷過這樣的階段，他們在黑暗中摸索，在困境中前行，獨自承受壓力，直到迎來成功的曙光。

創業者的心聲：迎接後天的陽光

一位企業家曾說過：「我永遠相信，只要永不放棄，我們還是有機會的。這世界上，只要有夢想，只要不斷努力、不斷學習，就能改變自己。今天很殘酷，明天更殘酷，後天很美好，但絕大多數人倒在了明天晚上，看不到後天的太陽。創業多年來，我經歷過無數挫折，但只要有一絲希望，我就讓自己快樂，學會用左手溫暖右手。」

這段話正好印證了「治學三境界」在人生中的應用。無論是學問還是財富，無論是理想還是事業，堅持到底，才能真正體會那「燈火闌珊處」的美好。

堅持與溫暖：走過寒冬，迎向光明

人生的道路難免會遭遇風雨，追求學問或財富的旅程亦是如此。在孤獨與寒冷中，唯有內心的執著能夠溫暖自己，讓我們堅持下去。當寒意襲來時，不妨學習那位企業家的精神，「用左手溫暖右手」，讓自己的信念成為前進的動力，直至迎來光明的未來。

因時制宜，
靈活應變是成功的關鍵

回顧所有優秀企業的成長歷程，無一不是因時順勢，並且持續自強不息的結果。市場環境瞬息萬變，企業若只是一味執著於既定模式，而不懂得靈活變通，往往容易陷入困境，甚至被時代淘汰。這也正如一則管理學中的寓言故事所揭示的道理。

執著與盲目的界線

有一群勤奮的牛，辛苦耕種了一片蔬菜地，為了防範盜賊，牠們築起了堅固的柵欄。然而，某天牠們驚訝地發現，蔬菜仍然被偷了，但柵欄卻毫髮無損。牛群一致認為是柵欄高度不夠，於是加高柵欄。然而，盜竊事件依舊發生，於是牠們又加高了柵欄，甚至計劃將柵欄加高至 50 公尺，企圖徹底解決問題。

當牛群忙於築牆時，一旁的羊和豬在閒聊。羊問：「豬大哥，牠們真的會把柵欄加到 50 公尺嗎？」豬回答：「很難說，畢竟牠們非常執著，但如果牠們一直不記得關上柵欄門，就算把柵欄加到月亮上，又有什麼用呢？」

這則故事提醒我們，執著固然重要，但若忽略了關鍵問題，盲目堅持反而會適得其反。不論是企業經營還是個人發展，若只是一味埋頭苦幹，而不適時抬頭看路，就可能越努力越偏離成功的方向。

淘金熱中的智慧選擇

在 19 世紀中期，美國加州發現金礦，吸引了大量淘金者湧入。然而，淘金並非如想像般簡單，隨著越來越多人加入競爭，金子變得難以開採，許多淘金者不僅空手而回，甚至因為惡劣的環境失去健康與性命。

當時，一名叫亞默爾的年輕人也參與其中，但他很快發現淘金的難度遠超預期。與其持續執著於挖金，他選擇轉向一個看似不起眼的機會 —— 賣水。由於當地水源稀缺，他建造了水池，過濾河水，然後以低價賣給淘金者。最初，有人嘲笑他放著黃金不挖，反而去賣水，但最終當多數淘金者兩手空空時，亞默爾靠賣水累積了八萬美元，成為當時的富翁。

與此同時，另一位淘金者李維·史特勞斯 (Levi Strauss) 也遇到了相同的困境。他原本計劃販售帆布帳篷給淘金者，但當他發現淘金者更需要的是耐磨的長褲時，他立刻改變策略，利用帆布製作牛仔褲。這種堅固耐用的褲子迅速受到淘金者歡迎，李維的事業由此起飛，最終創立了全球知名的牛仔褲品牌 Levi's。

靈活應變能創造新的可能

成功不僅取決於執著，還需要靈活變通。如果亞默爾與李維一味堅持淘金，他們很可能會淪為眾多失敗者之一。然而，他們選擇觀察市場需求，適時調整策略，最終走上了一條不同的成功道路。

這正應了那句話：「男怕入錯行，女怕嫁錯郎。」在商業競爭中，選擇適合自己的方向比執著於錯誤的目標更為重要。有時，一條路走不通時，換個角度思考，或許就能找到更好的機會。

靈活與決斷是成功的關鍵

執著是成功的必要條件，但不是唯一的法則。「識時務者為俊傑」，能夠根據環境變化調整策略，勇於放棄錯誤方向，才能真正掌握賺錢的智慧。這不只是企業經營的道理，也是個人成長與財富累積的重要法則。在快速變遷的時代，唯有那些懂得適應變化、靈活應對的人，才能在競爭中立於不敗之地。

失敗是成功之母？未必！

「失敗是成功之母」，這句話在西方文化中廣為流傳，鼓勵人們從挫折中學習。然而，這句話並非絕對的真理。現實中，有許多人屢敗屢戰，卻總是事與願違，始終無法成功。問題不在於失敗本身，而在於這些人是否真正從失敗中學到了教訓。

成功的關鍵在於學習，而非盲目堅持

許多人在遇到挫折時，習慣以激勵語言安慰自己，認為只要撐下去，總有一天會逆勢翻身。然而，現實並不像故事情節那般簡單，人生並不保證一定「否極泰來」。以曾經主導智慧型手機市場的 BlackBerry 為例，它曾是商務人士的首選，但在觸控螢幕與 App 生態系崛起之後，仍堅守傳統鍵盤設計與封閉系統，錯失轉型時機。最終，即使再怎麼努力堅持，也無法扭轉頹勢。這個案例提醒我們，如果面對困境時不願調整策略、改變做法，一味重蹈覆轍，再多的努力也難以帶來不同的結果。唯有在困境中主動求變，才有可能走出低谷，迎向新的可能。

比爾蓋茲曾說：「如果你一事無成，這不是你父母的錯，不要將責任推給別人，而要從失敗中學習。」這句話揭示了一個重要的道理 —— 成功不是簡單地來自執著，而是來自對錯誤的反思與調整。

為何人們不願談教訓？

儘管「從失敗中學習」是一個顯而易見的道理，但很多人卻選擇忽視自己的錯誤，原因有三：

一、虛榮心作祟

人們喜歡談論自己的成功，而不是自己的失敗。與朋友聚會時，大多數人樂於吹噓過去的輝煌，而不願揭開自己曾經的傷疤。失敗會讓人感到丟臉，因此人們傾向於掩飾，甚至美化過去的失敗經驗，以免影響自己的形象。

二、害怕面對自己的脆弱

成功的故事能激發自信，而失敗的經歷則容易引發自我懷疑。許多人不願意回顧自己的錯誤，因為這可能會帶來挫敗感，甚至動搖他們的信念。因此，他們選擇逃避，而不是正視問題。

三、習慣於重蹈覆轍

由於不願意面對失敗帶來的痛苦，許多人選擇忽視教訓，導致他們反覆在同一個地方跌倒。他們不願意承認自己的策略有問題，反而將失敗歸咎於「運氣不好」，最終陷入無休止的惡性循環。

避免無謂的執著，學習比堅持更重要

歷史上，有許多執著而勇敢的人，卻未必能夠成功。例如，唐吉訶德充滿理想主義，勇敢無畏，但他能戰勝風車嗎？無論他再戰幾百回合，結局都不會改變。這告訴我們，執著和勇氣雖然重要，但如果缺乏對現實的認知，那麼再多的努力也只會淪為徒勞。

真正有智慧的人，不會逃避失敗，而是懂得從失敗中吸取經驗，避免重蹈覆轍。例如，一家企業若因為盲目擴張而倒閉，這個教訓是顯而易見的——沒有穩固的基礎就急於擴張，只會加速失敗。這樣的案例讓後來者得以借鑑，避免犯下相同的錯誤。

學會觀察與適應

與其盯著成功者的光環，不如觀察那些失敗者的經驗，因為失敗往往更具普遍性。成功的道路因人而異，每個成功者背後都有獨特的背景與機遇，而失敗的原因卻是顯而易見的。看到別人在哪條河邊溼了鞋，下一次你走到同樣的地方時，自然會更加小心。

真正的智慧來自反思與調整

「失敗是成功之母」的前提，是我們能夠從失敗中學習。如果一個人只是盲目地越挫越勇，而不懂得調整策略，那麼失敗只會不斷重演。因此，真正的成功者不僅要有勇氣，更要有智慧，學會從錯誤中成長，這才是通往成功的正確道路。

知識改變命運，從「知者」到「智者」

有知識不代表有智慧，唯有學習、思考、實踐並融會貫通，才能將知識轉化為力量。

當「二老」、富「二袋」的智慧

兩年前，筆者曾在某協會工作，期間有幸結識許多成功人士，受益匪淺。協會創辦人兼祕書長張老師是一位智慧的長者，他提出的「當『二老』、富『二袋』」理論，讓我印象深刻。

財富與知識的平衡

在一次演講中，張老師引用出版界的觀點：「目前市面上的書籍，至少有一半無人購買；購買的那一半中，又有一半無人真正閱讀；而在閱讀的人當中，還有一半無法理解……這說明，人們過於重視教育，但卻未必真正重視學習。此外，世界上最難的事情莫過於將思想裝進別人的腦袋，將金錢裝進自己的口袋。能將思想傳遞給他人的人，我們稱之為老師；能成功累積財富的人，我們稱之為企業家。因此，『二老』指的是老師與企業家，而『二袋』則是知識袋與財富袋。如何平衡這兩者，成為人生的重大課題。」

財富的流動與知識的價值

美國石油大亨保羅．蓋蒂（Jean Paul Getty）曾假設：如果將全球財富平均分配給每個人，不出數小時，財富狀況就會開始改變。有人因缺乏理財能力而迅速失去財富，有人因盲目投資而遭受損失，有人則因智慧運用而持續累積資本。這一現象表明，財富的長久維持取決於個人的能力與知識。如果一個人缺乏智慧，即使擁有龐大的家業，也難逃敗落的命運。

真正的貧窮並非金錢短缺，而是思維的匱乏。財富的累積是一個過程，而這個過程與知識的深度息息相關。

讀書如何塑造成功人士

那麼，如何讓自己智慧充盈，財富累積？最直接的方法就是閱讀。古語云：「萬般皆下品，唯有讀書高。」雖然時代變遷，讀書不再是唯一的成功之道，但它依然是塑造個人核心價值的關鍵。

日本軟銀集團創辦人孫正義在 23 歲時因病住院兩年，期間讀完超過 4,000 本書，平均每天 5 本。這些知識成為他日後創業的基石。同樣地，許多企業領袖也將閱讀視為終生習慣。例如，比爾蓋茲年輕時曾從頭到尾讀完《世界大百科全書》，他認為：「如果不能成為優秀的閱讀者，就無法獲得真正的知識。」即使成為全球首富，他仍維持每天至少一小時的閱讀習慣，並每年進行兩次為期一週的「閉關讀書」，以沉澱思維、擴展視野。

香港企業家李嘉誠則創造了「搶學問」的概念，認為學習是改變命運的關鍵。他從小便積極閱讀經典，進入商界後更是從未停止求知。他曾說：「當別人享受娛樂時，我選擇學習；當他們停滯不前時，我已經提升自己。」

富腦袋，才能富口袋

總結來說，財富的累積與知識的深度息息相關。成功人士無一不將閱讀作為提升自我的方式。真正的黃金屋，不是建築物，而是知識的寶藏。想要富口袋，必須先富腦袋，這才是財富與智慧並行的最佳途徑。

知識的價值，重視教育的國家如何崛起

在世界歷史上，那些特別重視教育與知識的民族，往往能夠取得非凡的成就。例如，芬蘭這個北歐國家，雖然地處偏遠、自然資源有限，但卻在短短幾十年間從貧窮走向富裕，被譽為全球教育最成功的典範。芬蘭人深知知識的重要性，政府將教育視為國家發展的核心，不僅提供高品質的義務教育，還創造出全球公認的優秀教育體系，使這個人口僅約 550 萬的小國在科技、創新和經濟發展方面成為世界的領頭羊。

教育從小扎根

在芬蘭的家庭中，孩子從小就被鼓勵熱愛學習。父母會從孩子幼年開始，就給他們閱讀各種書籍，培養閱讀的習慣。芬蘭學校的教育模式與世界大多數地方不同，強調學生的自主學習與批判性思維，而不是單純的死記硬背。

芬蘭學童剛開始上學時，會受到老師與同學的熱烈歡迎，學校營造出一種愉快的學習氛圍，讓學生感受到學習的樂趣。家長也經常問孩子這樣的問題：「如果有一天，你失去了一切，你還剩下什麼？」這樣的問題鼓勵孩子思考真正不可被奪走的價值，而答案正是「知識」。

一則值得深思的故事

有一個關於知識價值的故事，曾經被芬蘭人廣為流傳：

幾位來自不同領域的專業人士搭乘飛機前往一個商務會議，機上有工程師、醫生、科學家和一位富有的商人。在旅途中，飛機發生事故，被迫降落在一座荒島上，所有人的行李都遺失了。

最初，那位富商試圖用金錢換取別人的幫助，但金錢在這個荒島上毫無價值。相反，擁有醫學知識的醫生負責照顧傷患，工程師設計出簡易的庇護所，科學家則研究島上的資源，找出可食用的植物和水源。他們的專業知識讓他們在惡劣環境中生存下來，而那位富商卻一無所長，只能依賴他人。

幾個月後，他們終於獲救，回到文明世界時，那位富商深感震撼，對那幾位專業人士說：「我過去認為金錢就是一切，但現在我明白，真正的財富是知識。只要擁有知識，就不怕失去一切，因為知識永遠屬於自己。」

芬蘭的成功證明知識的價值

芬蘭的發展歷程也證實了這一點。二戰後，芬蘭曾經歷貧困與資源匱乏的困境，但透過對教育的長期投入，他們在科技、創新與社會福利方面取得了驚人成就。如今，芬蘭擁有世界頂尖的教育體系，學生在國際學力測試（如 PISA）中屢屢名列前茅，國家在環保科技、通訊技術（如 Nokia 的崛起）、人工智慧與醫療領域等均領先全球。

據統計，芬蘭人每年閱讀的書籍數量位居世界前列，每個城市的公共圖書館都備受重視，平均每位公民每年借閱書籍的數量驚人。這種對知識的重視，使芬蘭在全球競爭中占據了優勢。

知識就是未來

「知識就是力量」這句話，對於芬蘭的成功來說，無疑是一種最佳的詮釋。當其他國家仍在爭奪資源或依賴傳統工業時，芬蘭早已透過知識經濟與科技創新，建立起強大的競爭力。因此，無論身處何種環境，一個人或一個國家，唯有不斷學習，才能在變幻莫測的世界中脫穎而出。

我們應該效法這些重視知識的國家，趁年輕時多累積知識，因為知識不僅是個人成功的基石，更是國家強盛的關鍵。

知者與智者的區別

「知」與「智」在中文語境中有著深遠的區別。從語源學的角度來看，「知」強調的是知識的獲取與累積，而「智」則是對知識的靈活運用與深度理解。

有學者曾在演講中解析這兩者的差異。他指出，「知」的字形左邊是「矢」，代表箭，右邊是「口」，象徵靶心。這意味著知識的獲取需要精準，如同射箭必須瞄準靶心才能發射。「知」是一種學習與認識的過程，而這個過程若能不斷深化，就能發展為「智」。

「智」則是在知識累積的基礎上，透過時間與經驗的沉澱，形成更高層次的理解與應用。字形上的「日」象徵日積月累的學習，唯有每日精進，才能成就真正的智慧。

知者與智者的四大差異

根據上述解釋，「知者」與「智者」的區別可以歸納為以下四點：

1. **知其所以然**：知者往往只是掌握表層的知識，知道「是什麼」，但智者則能理解「為什麼」。
2. **融會貫通**：知者可能懂得許多零散的知識，卻無法將其串聯成完整的系統，而智者則能綜合各種學習來源，使知識變得靈活且富有創造性。
3. **自知之明**：智者能客觀評估自己的優劣，保持謙遜，並不斷提升自己，而知者則可能沉浸在已有的知識中而停滯不前。
4. **明辨是非**：智者具有更高的判斷能力，能夠正確分析事物的本質，並做出合乎邏輯的決策。

知識與財富的關聯

許多人可能曾經疑惑：「為什麼我讀了這麼多書，卻不如某些沒有高學歷的人賺得多？」這其實反映了一個關鍵問題——知識的應用能力。知識本身確實是力量，但若無法轉化為實際價值，就只是空談。智慧的核心在於如何將知識轉化為實用的資源，包括個人成長、社會影響力，甚至是經濟收益。

從興趣到事業，曾信儒的創業之路

曾信儒的成功並非僅僅源於專業知識，而在於他能靈活運用所學，並結合市場需求做出精準決策。他自年輕時便對皮鞋設計充滿熱情，發現市場對高品質手工皮鞋有著穩定的需求。在累積相關經驗後，他決定辭去工作，投身於手工皮鞋的製作與設計。他的第一步是進行市場調查，發現當時市場上缺乏兼具設計感與舒適度的手工皮鞋。於是，他利用自己的設計能力，製作了一系列手工皮鞋，並成功銷售出去。隨後，他創立了「林果良品」，設立工廠，逐步擴展業務，最終建立了自己的品牌體系，實現了財務上的成功。曾信儒的案例說明，真正的智慧在於能夠敏銳地察覺市場需求，並靈活運用知識來創造價值。這不只是單純的「知」，而是「智」的展現。

如何培養智慧？

要成為智者，並不只是被動地接受知識，而是需要主動提升自我能力。以下是幾個關鍵方法：

1. **持續學習**：智慧的培養並非一蹴而就，而是透過長時間的學習累積。唯有不斷吸收新知識，才能適應變化的時代。
2. **深入思考**：學習後若缺乏思考，只會停留在「知者」階段。透過對知識的深入理解與批判性思維，才能讓知識轉化為智慧。
3. **實踐與反思**：許多知識只有在實踐中才能真正內化。行動與思考應該相輔相成，遇到問題時，透過不斷嘗試與反思，才能找到最佳的解決方案。
4. **跨領域整合**：真正的智者能夠將不同領域的知識互相連結，形成更全面的理解與創新能力。

從知識到智慧

知識是智慧的基礎，但智慧遠不止於知識的累積，而是包含理解、應用、創新和決策的能力。從知者到智者的轉變，需要不斷學習、思考、實踐與整合，唯有如此，才能真正掌握自己的未來，成為真正的智者。

細節決定命運，從「大頭針理論」看成功之道

無論是求職、談判還是創業，學會塑造專業形象，才能贏得機會與尊重。

儀表對社會互動的影響

首因效應，第一印象的影響

美國心理學家曾進行一項實驗，隨機選出四位志願者：一位戴著精品眼鏡、氣質斯文的年輕學者，一位穿著時尚、儀態大方的女子，一位手提雜物、神情疲憊的中年婦女，以及一位髮型怪異、穿著凌亂的男子。這些志願者在身上沒有任何現金的情況下，嘗試攔截計程車並請求免費搭乘。結果顯示，年輕學者與時尚女子成功率最高，而中年婦女的成功率約為 50%，至於穿著不整的男子則鮮少成功。

這項實驗凸顯了人類的潛在認知模式：人們往往根據外表來判斷一個人的社會地位、可信度，甚至是價值觀。這並非單純的「以貌取人」，而是心理學上常見的「首因效應」(Primacy Effect)，即第一印象對後續評價的影響。

儀表不僅是外在，更是專業態度的展現

俗話說：「人要衣裝，佛要金裝。」這句話或許帶有一定的世俗觀點，但從職場角度來看，儀表確實會影響他人對我們的信任程度。例如，為什麼多數保險業務員都選擇穿著深色西裝、搭配整潔的襯衫？這不僅僅是公司規範，更是對專業形象的塑造。保險業賣的是未來的保障，而客戶往往會透過視覺判斷對方是否值得信賴。當一位西裝筆挺、舉止穩重的業務員向客戶解釋保險方案時，比起穿著隨便的人，更能讓客戶產生安全感。

這種情況不僅限於保險業，法律、金融、醫療等專業領域同樣重視服裝儀容，因為這些行業的核心價值之一就是「專業感」。若醫生穿著隨便，或是律師以拖鞋、短褲出庭，無論他們的專業能力多強，仍可能無法贏得病人或客戶的信任。

儀表是推銷自己最直接的方式

美國成功學大師戴爾·卡內基（Dale Carnegie）在著作《人性的弱點》（*How to Win Friends and Influence People*）中曾提及，一家保險公司的業務員發現，當他們向農場主推銷保險時，穿著正式服裝的人比穿著隨意的人更容易贏得信賴，成交率也顯著提高。即便農場主本身的穿著不講究，他們依然會對衣著整齊的推銷員產生較高的信任感。

這正是「個人品牌」概念的展現。在現代社會，每個人無時無刻不在推銷自己，不論是求職、談生意，甚至是日常社交。我們希望獲得上司的重視、客戶的信賴、朋友的欣賞或異性的青睞，這些都與個人形象密不可分。

如何打造良好的個人形象？

要建立良好的第一印象，以下幾點不可忽視：

1. **服裝整潔**：無論正式或休閒場合，衣物都應保持乾淨、熨燙平整。
2. **適合場合**：選擇符合場域需求的穿搭，例如商務會議選擇西裝、休閒聚會則可適當放鬆。
3. **良好儀態**：保持挺直的站姿、穩健的步伐，展現自信。

4. **個人衛生**：修剪整齊的指甲、乾淨的鞋履、適度的香氣，都是加分項。
5. **細節決定成敗**：避免鬆垮的領帶、皺巴巴的衣角，細微之處也能影響觀感。

形象是你的無聲名片

在社會互動與職場發展中，個人形象往往是第一道門檻。無論我們是否喜歡，現實社會確實存在「以貌取人」的現象。因此，學會經營自己的形象，並非虛榮，而是讓自己在競爭激烈的環境中更具優勢。當我們用心打造得體的儀容，不僅能讓自己獲得更多機會，也能展現對他人的尊重，進而在職場與社交圈中建立正向的個人品牌。

微笑是成功的無價之寶

微笑，這個看似簡單的表情，卻蘊含著無限的力量。在商業社會中，微笑不僅是一種禮貌，更是拉近人際關係、促進交易的關鍵因素。許多成功人士都深諳微笑的魅力，並透過微笑創造了巨大的價值。

微笑改變職涯的銷售專家

2018 年，美國一位年輕的保險業務員亞當·格雷（Adam Gray）剛踏入職場時，業績一直處於公司後段班。他不僅對陌生開發感到恐懼，也常因為缺乏自信而被客戶拒絕。一次偶然的機會，他參加了一場銷售講座，講師強調：「微笑是讓客戶產生信任感的第一步。」亞當開始刻意練習微笑，每天對著鏡子訓練不同情境下的笑容，並在與客戶見面時保持自然親切的微笑。短短一年內，他的業績從公司倒數提升至前 10%，成為業界新星。他的故事證明，微笑不僅是一種友善的表現，更是打開客戶心房的關鍵。

微笑與服務業的成功法則

2020 年，新加坡的一家五星級飯店「濱海灣金沙酒店」曾進行一項研究，他們發現，即使提供相同的設施與服務，帶著微笑的員工能夠讓顧客的滿意度提高 30%以上。因此，飯店開始強調微笑訓練，並要求員工每日在工作前照鏡子練習微笑，確保每位顧客都能感受到賓至如歸的氛圍。結果，這家飯店的顧客回頭率大幅提升，並在疫情後的旅遊復甦期迅速恢復業績，成為東南亞最受歡迎的高級飯店之一。

科技巨頭與微笑文化

在科技領域，微笑同樣發揮著重要作用。特斯拉（Tesla）執行長伊隆．馬斯克（Elon Musk）雖然以創新著稱，但他的領導風格也強調積極與正能量。他曾在內部會議上對員工表示：「無論產品多麼創新，如果我們的銷售人員沒有熱情的笑容，客戶也不會對我們的品牌感興趣。」因此，特斯拉的展示中心員工皆接受專業的顧客服務訓練，其中「微笑接待」成為最基本的要求，這種細節管理使特斯拉的品牌形象更具親和力，也提升了消費者的購買意願。

微笑的經濟效益

一項由哈佛商學院在 2021 年進行的研究顯示，在相同條件下，微笑的銷售人員比不微笑的銷售人員成交率高出 25%。這不僅適用於面對面的銷售，甚至在線上客服與電話銷售中，帶有微笑語氣的服務人員也更容易獲得消費者的信任與好感。這證實了微笑在商業中的巨大潛力，它不僅是一種表情，更是一種策略，一種能夠創造價值的無形資產。

微笑的練習與應用

微笑並非天生的能力，而是可以透過練習培養的技巧。許多專業人士建議，可以透過以下方法來提升自己的微笑魅力：

1. **鏡子訓練**：每天對著鏡子練習不同類型的微笑，確保自己的笑容自然且具有親和力。
2. **眼神微笑**：微笑不只是嘴角的動作，眼睛也應該展現溫暖，讓人感受到真誠。
3. **微笑語氣**：即使在電話中或線上交流，保持微笑的語氣也能讓對方感受到正能量。
4. **環境影響**：在職場或生活中，與樂觀、常微笑的人相處，也能潛移默化地提升自己的微笑頻率。

微笑是成功的關鍵要素

無論是商業、服務業，還是個人發展，微笑都扮演著至關重要的角色。它不僅能讓人變得更受歡迎，也能創造實質的經濟價值。如果你還在為事業或人際關係煩惱，或許可以先從每天練習一個真誠的微笑開始，因為微笑，真的能改變世界。

一次微小的疏忽，導致合作破局

美國管理學大師湯姆．彼得斯（Tom Peters）曾說：「卓越始於細節。」在競爭激烈的職場與商業環境中，一個微不足道的細節往往能決定成敗。這樣的案例在全球比比皆是。

幾年前，一家美國醫療科技公司計劃收購一家歐洲的醫療器械製造商。經過長時間的談判，美方代表最終接受了對方稍低的報價，雙方約定隔天正式簽約。當時，歐洲企業的負責人便邀請美方代表參觀工廠。

生產線井然有序，設備運作良好，美方代表一路上頻頻點頭，對工廠的管理頗為滿意。然而，走著走著，工廠負責人突感喉嚨不適，隨手在角落吐了一口痰，然後用鞋底來回擦拭。這一幕讓美方代表眉頭一皺，當下便決定提前結束參觀。次日早晨，工廠負責人收到了一封信，信中寫道：「貴公司的產品是用來拯救生命的，然而您的行為讓我對這家公司的管理與價值觀產生疑慮。請理解，我們無法與一個不注重細節與衛生的企業合作。」最終，這樁交易無疾而終。

這個事件凸顯了一個道理：小細節可以反映一個企業的管理文化，甚至影響合作夥伴的決策。

細節決定命運，太空探索中的關鍵選擇

在航太領域，細節的重要性更是不容忽視。美國太空總署(NASA)在選拔太空人時，不僅看重技能與智力，更會考察候選人的行為習慣。1960年代的阿波羅計畫中，原本最有希望成為首位登月太空人的一位候選人，卻因為訓練時的一個小疏忽而失去了機會。

在模擬艙內訓練時，這位候選人不小心遺落了一片紙張，並未在意。然而，這張紙最終飄進了通風口，導致設備短暫故障。雖然沒有造成重大事故，但評審委員會認為，這樣的細節反映了候選人對環境的警覺性不足，因此決定選擇另一位在訓練中始終保持高度自律、從不遺漏任何小物件的候選人。

這項決定改變了歷史，也讓世界見證了太空探索中細節管理的重要性。

一根別針，成就銀行家的事業

在法國，一位知名銀行家雅克·拉菲特(Jacques Laffitte)在年輕時曾經歷一次改變人生的求職經驗。他在一家大銀行面試後被拒絕，失望地走出銀行時，恰巧發現地面上有一根別針。出於職業習慣，他隨手將別針撿起來，放進垃圾桶。

剛好，銀行董事長路過此地，目睹了這一幕。他立刻詢問面試官這位年輕人的背景，得知他剛剛參加面試後，董事長當天便決定錄用他。董事長認為，一個連這樣小細節都注意到的人，必定具備優秀的職業素養。

這個簡單的舉動，不僅為雅克帶來了工作機會，也讓他在職業生涯中一路晉升，最終成為銀行業的領軍人物。

細節決定成敗，展現專業素養

這些故事告訴我們，無論是在商業談判、科技發展，還是職場競爭中，細節不只是小事，而是成就大事的關鍵。那些真正成功的人，往往擁有對細節的高度敏銳度與責任感。

注重細節不僅僅是穿戴整齊或維持外在形象，而是體現在行為、習慣與態度上。這些細節構築了個人或企業的信譽，影響他人對我們的評價，最終決定我們能走多遠。

成功，始於細節；細節，決定未來。

讀人、讀物、讀趨勢！致富者的思考模式

洞察力決定商機，機遇永遠留給有準備的人，財富的祕密就藏在細微之處。

美國管理學者彼得・杜拉克（Peter Drucker）曾說：「最危險的事情，莫過於用昨天的邏輯來應對今天的挑戰。」成功的人，不僅善於發現機會，更能察覺隱藏的問題，這樣的慧眼往往決定了最終的成敗。

觀察細節，決定國運

在歐洲外交史上，曾發生過一件耐人尋味的事件。某年，一位小國的國王前往大國進行國事訪問，按照外交禮儀，他應該以謙恭的態度面對大國元首。然而，這位國王卻在正式會晤時表現得極為高傲，反而是大國元首謙卑有加，甚至顯得過於退讓。

當時陪同出席的外交顧問觀察到這一幕，當晚便向大國領導人建議重新評估這位國王的行為，認為對方的驕傲可能是國內政局不穩的徵兆，並推測該國未來可能出現內亂或被外部勢力削弱。幾個月後，果然該小國政局動盪，最終不得不依附於大國。

這場外交判斷顯示了觀察細節的力量，一個國家的命運，有時就體現在一場外交會晤的細節之中。

市場洞察力，華倫．巴菲特的投資慧眼

在商業領域，慧眼無疑是創造財富的關鍵。投資大師華倫．巴菲特便是這方面的經典代表。2008 年金融海嘯期間，當多數投資人對市場充滿恐懼，紛紛拋售資產時，巴菲特卻做出了與大眾相反的決定。他在深入分析金融與工業企業的基本面後，認為許多優質公司的股價已被嚴重低估。

其中一個代表性案例是他對高盛（Goldman Sachs）的投資。當時該公司深陷市場動盪，股價大跌，市場普遍悲觀。但巴菲特憑藉對市場週期的理解與長期價值的判斷，看準其體質仍然穩健，決定以 50 億美元入股，並取得高利率優先股。不久之後，隨著市場回穩與信心回升，這筆投資帶來了數十億美元的獲利。

這並非天賦異稟，而是來自對市場的細緻觀察與對人性恐懼的深刻理解。他沒有被表面的「崩盤景象」嚇退，而是從混亂之中挖掘出潛藏的價值，展現出真正的智慧與遠見。

打破慣性，才能革新管理

企業管理中，許多過時的制度和習慣往往被人們無意識地沿用，甚至無法察覺其不合理性。某位歐美軍官上任後，發現在炮兵操練時，總有一名士兵站在大炮的炮管下，紋絲不動。

他詢問原因，士兵們回答：「操練條例就是這樣規定的。」

軍官深入研究後發現，這條規則源自於舊時代，當時大炮由馬匹拖運，而該士兵的任務原本是負責牽制馬匹，以防止戰馬在砲聲中受驚。然而，隨著炮兵現代化，這個職位早已沒有實際作用，但條例卻從未更新。

軍官立即向上級報告，促成了操練制度的革新，也因此獲得國防部嘉獎。

這個故事提醒我們，許多問題的存在，不是因為沒有人發現，而是因為習慣成自然，缺乏獨立思考的人往往選擇遵循舊制，不敢質疑。但真正優秀的管理者，總是勇於打破慣性，從細節中發現並解決問題。

慧眼是成功的基石

無論是在政治、商業，還是管理領域，真正的慧眼並非天賦，而是源於細心觀察、深入思考以及勇於質疑的精神。發現機會與辨別問題同樣重要，擁有慧眼的人，往往能在別人忽略的地方找到成功的契機。

成功的關鍵，不僅在於追逐商機，更在於發現並修正問題，唯有如此，才能在變幻莫測的世界中立於不敗之地。

孔子的智慧與先知先覺

孔子，作為中國歷史上最偉大的思想家之一，不僅以其道德哲學影響後世，更以其深邃的見解洞察世事，體現了「先知先覺」的智慧。

有一次，魯國掌權者季平子派家臣拜訪孔子，告知他：「季氏即將舉行盛大的饗宴，夫子可曾聽聞？」

孔子淡然回應：「未曾聽聞。即便聽說了，我正在守喪，也無法參加。」待家臣離去後，弟子子貢疑惑地問：「此乃國君專屬的禮儀，季平子怎能逾越？」

孔子嘆息道：「這並非第一次了。他在家祭時擅用天子八佾之舞，外祭時僭越於泰山，如今更是盜用天子饗士之禮。這種行為恐怕是天奪其智，使其越發昏庸。我看他恐怕大限將至。」

果不其然，數日後，季平子因舊疾復發而去世。消息傳開，子貢感慨道：「夫子簡直如神！」顏回不解，子貢便將來龍去脈告知，顏回聽後讚嘆：「這正是『先知先覺』的體現。」

先知先覺與資訊不對稱

「先知先覺」指的是那些能夠預見趨勢、掌握先機的人。相比之下，「後知後覺」指的是經歷後才有所領悟，而「不知不覺」則形容完全無法察覺變化的人。這些不同的認知層次，往往取決於資訊的掌握程度與判斷能力。

以經商為例，許多人將其比作「下海」。若在不了解市場行情的情況下貿然投入，無異於盲目跳水，稍有不慎便可能遭受重大損失。因此，商業決策前必須審慎分析，確保資訊對稱，正如古語所言：「春江水暖鴨先知」，唯有敏銳的人才能最先察覺市場變化。

特斯拉的市場預測

美國電動車企業特斯拉便是一個典型的「先知先覺」案例。在內燃機車仍然主導市場的時代，大多數車廠對電動車的前景持觀望態度，認為充電基礎設施不足，電池技術尚未成熟，市場難以普及。然而，特斯拉的創辦人伊隆·馬斯克卻敏銳地察覺到，環保意識的提升和政府政策的轉變將促使電動車產業迅速成長。

於是，特斯拉不僅加快電動車的研發步伐，還提前布局全球超級充電站網絡，確保消費者的便利性。當各國政府紛紛推出補助政策並逐步淘汰燃油車時，特斯拉已經占據市場先機，成為全球電動車領導品牌。

這正是資訊與判斷結合所帶來的成功。特斯拉的崛起並非運氣，而是基於對市場趨勢的深刻理解，能夠在大多數企業尚未採取行動時提前部署，從而在競爭中取得壓倒性優勢。

掌握規律，預見未來

先知先覺的能力來自對規律的掌握。正如古語所云：「月暈而風，礎潤而雨」，世間萬物皆有跡可循。優秀的領導者與企業家能夠洞悉市場趨勢，掌握供需變化，從而做出正確決策。

華倫·巴菲特、喬治·索羅斯等投資大師無不是此類人物。他們憑藉著對經濟與市場的深入理解，在他人尚未察覺前便開始布局，確保自身利益最大化。

提升資訊敏感度，做時代的先行者

在這個資訊爆炸的時代，知識與判斷能力至關重要。許多人每天接觸大量資訊，但真正能夠從中篩選出關鍵資訊並加以運用的人卻寥寥無幾。

孔子曾說：「學而不思則罔，思而不學則殆。」唯有不斷學習、深入思考，才能在競爭激烈的環境中立於不敗之地。

「先知先覺」並非天生，而是來自於不斷的學習、觀察與思考。提升自己的資訊敏感度，培養對趨勢的判斷力，才能在變化莫測的時代中搶占先機，成為真正的贏家。

問對問題，賺更多的錢

成功者不只是會說話，更懂得如何用提問來掌控談判、影響決策。

投其所好，話到錢來

歷史上有許多案例顯示，當人們的興趣或需求被巧妙觸及時，他們更容易被說服與引導。

在西元 2019 年，日本皇室迎來新天皇德仁的即位，而他的妻子雅子皇后則是經歷了多年適應皇室生活的挑戰。雅子皇后原本是日本外交官，擁有出色的國際事務能力，但進入皇室後，面臨著傳統皇室禮儀與繁複規範的考驗。這與歷史上的皇室婚姻制度類似，新娘除了個人條件優秀之外，還必須能適應高度公開的生活模式。

心理學家發現，人們在面對嚴苛標準時，若給予足夠的榮譽感或未來的美好想像，他們會更願意配合。例如，當雅子皇后被告知她將成為日本女性的楷模，並能代表國家參與國際事務，她也努力適應皇室的各種規範與期待。

商業上的銷售誘惑

這種心理運作機制，在商業領域中被廣泛運用，尤其是在談判與行銷策略上。

哈里·艾倫·奧維斯特里特（Harry Allen Overstreet）在《影響人類的行為》（*Influencing Human Behavior*）一書中提到：「行動出自我們基本上的渴望……成功說服他人的關鍵在於能否引發對方的急切需求。」這個觀點解釋了為何行銷人員會努力尋找客戶的核心需求，並透過適當的方式引導其做出購買決策。

科技業領袖的心理戰術

美國科技業的成功人士，往往精通銷售誘惑的技巧。蘋果公司（Apple）創辦人史蒂夫·賈伯斯（Steve Jobs）便是一個典型案例。他在推動智慧型手機市場時，並未單純強調硬體規格，而是讓消費者感受到擁有 iPhone 是一種「身分象徵」與「未來科技體驗」，這讓許多消費者願意為其高昂的價格買單。

此外，賈伯斯在發布新產品時，經常使用「製造稀少性」的策略來提升市場需求。例如，當蘋果公司推出首款 iPhone 時，他在發布會上強調這款產品「重新定義了手機」，並讓消費者相信，搶先購買 iPhone 將使他們成為科技潮流的領導者。結果，這種策略成功吸引了大量消費者排隊購買，為蘋果奠定了智能手機市場的領先地位。

掌握說服的關鍵

無論是在談判、行銷還是人際關係中，「投其所好」的策略都極為重要。成功的人懂得如何在對話中巧妙地激發對方的興趣，並讓對方感受到自身利益，從而達成雙贏的結果。

正如奧弗斯特里特所說：「能夠掌握人類渴望的人，就能掌握世界。」雖然這句話或許有些誇張，但它揭示了一個不爭的事實——當你懂得運用心理學的原則去影響別人，說服力就會大幅提升，而你的人生與事業，也將因此更順遂。

接下來的主題圍繞「傾聽」的重要性，透過蘇格拉底的故事、美國汽車銷售專家喬·吉拉德的經歷，以及美國總統林肯的例子，強調少說多聽的優勢。

少說話，多傾聽

古希臘哲學家蘇格拉底（Socrates）以擅長辯論與演講聞名，當時許多年輕人向他請教如何提升演講技巧。有一次，一位年輕人為了展現自己的口才，在蘇格拉底面前滔滔不絕地講個不停。終於，他停下來時，蘇格拉底微笑著說：「我可以教你如何演講，但你必須支付雙倍學費。」年輕人疑惑地問：「為什麼？」蘇格拉底回答：「因為我要教你的第一門課是如何學會閉嘴，第二門課才是如何說話。」年輕人聽完羞愧地低下頭。

這個故事帶出一個重要的道理：真正的溝通不只是會說話，更重要的是懂得何時該停下來，傾聽他人。

話多不代表人緣好

在現實生活中，類似愛表現自己的人並不少見。他們知識豐富，口才流利，常常滔滔不絕地發表自己的見解。然而，這樣的人往往容易讓人感到厭煩。原因很簡單——他們在對話中習慣成為主角，總是急於表達自己的故事，卻忽略了他人的感受與想法。

有句話說：「人際關係不佳，往往不是因為說錯話，而是因為聽得太少。」換句話說，懂得傾聽，才能真正拉近與他人的距離。哲學家曾說：「造物主給了我們兩隻耳朵、一張嘴，就是要我們多聽、少說。」更何況，嘴巴還有另一個用途 —— 吃飯，而耳朵則完全是為了聆聽，這更說明了傾聽的重要性。

傾聽帶來成功的經驗

美國傳奇汽車銷售員喬．吉拉德（Joe Girard）曾創下一年銷售 1,425 輛汽車的世界紀錄，被譽為「最偉大的銷售員」。有一次，記者問他成功的祕訣，他回答：「沒有什麼特別的法寶，我能夠贏得顧客，關鍵在於兩件事 —— 傾聽和微笑。」

他分享了一次因未能專心傾聽而錯失交易的經歷。某天，一位顧客準備購買汽車，但就在付款前，他談起了自己的兒子，滿懷自豪地說：「喬，我兒子即將畢業，他將來要成為醫生。」然而，喬當時正分心與同事討論籃球賽，敷衍地回應：「那太棒了。」當顧客繼續談論兒子的優秀表現時，喬依然心不在焉，結果對方察覺到他的敷衍，最終選擇放棄這筆交易。

這次經驗讓喬徹底明白：真正的銷售，不在於自己說得多精彩，而是讓客戶感受到被尊重、被重視。他開始認真學習傾聽，結果銷售業績大幅提升。

傾聽帶來安慰與支持

對於普通人來說，傾聽的最大價值之一，就是能夠減輕他人的心理壓力。當人們面對挫折或困境時，往往希望有人能夠聽他們訴說心事。研究顯示，當一個人感到焦慮、失望或難過時，有效的傾聽可以幫助他舒緩情緒。

美國總統亞伯拉罕·林肯（Abraham Lincoln）在內戰初期面對巨大壓力時，曾找來一位摯友傾訴心事，經過一番對談後，他的情緒明顯輕鬆許多。這顯示出，有時候傾聽遠比給予建議更具力量。

當朋友向我們傾訴時，我們應該給予耐心與關心，而不是急著評論或打斷對方。若忽略這點，可能會讓對方感覺被拒絕，影響彼此的關係。相反，如果我們能夠專心聆聽，不僅能讓對方感到被理解，還能增進彼此的情誼。

傾聽的四大要訣

那麼，傾聽是否只是安靜地聽對方說話呢？其實，真正的傾聽是一門學問，需要掌握以下四個要點：

1. **專心投入**：當別人說話時，應該全神貫注，避免分心或心不在焉。專注聆聽才能真正理解對方的想法，避免因注意力分散而錯失重要資訊。
2. **保持耐心**：即使話題不符合我們的興趣，也應該尊重對方，耐心聆聽。如果對方講得冗長，可以用適當方式引導話題，但不應流露不耐煩或打斷對方的談話，以免影響彼此的關係。
3. **謙遜開放**：無論對方的觀點是否與我們相符，都應該等對方說完後再發表自己的意見。隨意打斷或急於反駁，只會讓對話變得單向，甚至造成誤解或爭執。
4. **適時互動**：良好的聆聽並非完全沉默，而是適時以簡單的語言（如「是的」、「我理解」）或點頭、微笑來回應對方，讓對方感受到我們的關心與共鳴。

學會傾聽，受益無窮

在這個資訊爆炸的時代，人人都渴望表達自己的想法，但真正懂得傾聽的人，才能在人際關係與職場上脫穎而出。傾聽不只是禮貌，更是一種智慧，它能讓我們更了解他人，也能讓我們的言語更加具有影響力。正如蘇格拉底所說：「學會閉嘴，才能真正學會說話。」

少說話，多傾聽，或許正是通往成功與良好人際關係的關鍵。

財富藏在沒人注意的地方

當所有人都在爭奪紅海市場時，如何開創屬於你的藍海？

無悔人生的兩大準則

有一次，一位美國神父前往醫院，為一位臨終的病人進行臨終祈禱。然而，他卻聽到這位病人滿懷感激地說道：「仁慈的上帝！我熱愛歌唱，這是我的生命。我年輕時立志要唱遍全美，如今，我做到了。我是一名黑人，靠著歌聲養活了六個孩子，這一生無怨無悔。現在，我唯一的願望，就是請神父轉告我的孩子們，讓他們勇敢追尋自己的夢想，因為他們的父親，將會為他們感到驕傲。」

神父聽後感到驚訝，因為這位病人一生的財產，僅僅是一把破舊的木吉他。然而，四十年來，他憑藉自己的歌聲，用音樂感動人心，贏得應得的報酬。

這讓神父想起多年前主持過的一次臨終禱告。一位富翁臨終時，說出幾乎相同的話：「仁慈的上帝，我熱愛賽車。我從小研究它、改造它、經營它，這一生從未離開過它。更重要的是，我在這份熱愛之中，獲得了財富。因此，我沒有什麼可後悔的。」

當晚，神父思索良久，最後提筆寫下給報紙的信：「如何才能讓人生不留遺憾？我想，答案其實很簡單，只需做到兩件事：第一，從事自己熱愛的事；第二，設法讓它帶來收入。」這封信刊登後，這兩條準則成為許多人的人生指引。

興趣與金錢的平衡

其實，這兩條準則適用於每個人。人生的價值不應該只是追求金錢，而應該追求意義。如果你發現某件事既有意義，又是你熱愛的，那麼你應該勇敢去做，這樣你的人生才會充滿樂趣。

然而，光有熱情是不夠的。興趣不能當飯吃，如果無法從中獲得收入，最終可能會讓人陷入困境。因此，關鍵在於如何將興趣轉化為職業。

華倫・巴菲特（Warren Buffett）曾說：「我真正感興趣的並不是金錢，而是看到投資成長的過程，這讓我覺得有趣。」在美國這個崇尚資本主義的國家，巴菲特之所以受到尊敬，不只是因為他財富驚人，更因為他對金錢並不貪戀。他決定將99%的財富捐給慈善機構，只留1%給孩子。他的理由是：「我希望孩子們擁有足夠的資源去做自己喜歡的事，而不是因為遺產太多而失去奮鬥的動力。」

那麼，巴菲特為何能夠賺那麼多錢？因為他從小就對數字產生濃厚興趣。他能快速記憶數據，甚至會和朋友記錄街道上的車牌號碼，或背誦不同城市的人口數據。他還曾經撿拾加油站飲料機的瓶蓋來進行市場調查，以分析哪種飲料最受歡迎。

興趣是最好的老師

阿爾伯特．愛因斯坦（Albert Einstein）說過：「興趣是最好的老師。」中國古語亦云：「知之者不如好之者，好之者不如樂之者。」這些觀點都強調，當一個人對某件事充滿熱情，將會產生極大的動力，甚至能夠創造奇蹟。

例如，NBA史上最矮的球員麥斯．波古斯（Tyrone Bogues），身高僅160公分，卻從小對籃球痴迷。他隨時隨地都在練習，甚至倒垃圾時，還會用一隻手運球。他曾向朋友宣稱，自己將來要打進NBA，結果遭到嘲笑。然而，他憑藉不懈努力，最終進入NBA，甚至代表美國隊奪得世界籃球錦標賽冠軍。

如何讓興趣變現？

儘管興趣很重要，但在現實社會中，金錢仍然是不可忽視的因素。如果一件事再有興趣，卻無法帶來穩定的收入，最終可能會成為「玩物喪志」。因此，關鍵在於如何將興趣轉化為職業。

首先，必須精進技能。只有當你達到專業水準，才能真正將興趣轉化為職業。舉例來說，若你喜歡唱歌，卻連歌詞都記不住，那麼成為職業歌手的機會自然渺茫。其次，應該適時調整方向。假設你熱愛唱歌，卻天生五音不全，那麼也許可以考慮轉向音樂製作、詞曲創作或相關領域，而不是硬要成為歌手。

當興趣與現實衝突

有時候，我們無法選擇只做自己喜歡的事。在這種情況下，興趣與現實應該如何取捨？有位企業家曾說：「我從來不喜歡英語，但當我發現英語是我事業發展的必備工具時，我毫不猶豫地投入學習。對我而言，英語就像登山杖，雖然我不喜歡，但它能幫助我登上更高的人生巔峰。」

有時，興趣可以成為我們的職業，但有時，我們也需要現實考量，在必要時接受那些雖然不那麼喜歡，但對自己有利的選擇。

熱愛與實踐才是成功的關鍵

無論你選擇哪條路，最重要的是，不要讓人生留下遺憾。找到你的熱情，精進你的能力，並設法從中獲利。若能做到這一點，你將能夠在熱愛的領域發揮所長，並創造真正有價值的人生。

機遇總在少人踏足之地

在商業競爭激烈的世界裡，如何找到突破口並實現財富累積？歷史上許多成功的企業家與商人都證明了一個道理：市場選擇不能盲目跟風，而是要尋找無人關注的機會，發掘隱藏的商機。

開拓冷門市場，美廉社的在地經營策略

在近代經濟發展中，有不少企業家憑藉開拓冷門市場而脫穎而出。以連鎖超市品牌「美廉社」為例，其經營策略正是避開主流零售巨頭的正面競爭，轉而深入一般超商與大型賣場較少涉足的社區型市場。美廉社所鎖定的，是各地巷弄間的住宅區、小型社區與非核心商圈，這些地方雖然人潮分散，但居民對於平價與便利的日常用品仍有穩定需求。

美廉社看準這樣的消費特性，在地開店、壓低成本，並採用「簡配裝潢」、「高週轉率」、「主打即期商品與量販價格」等策略，成功建立高 CP 值的品牌形象。這種社區深入型經營方式，讓它在短時間內快速展店，廣受民眾歡迎，成為本土零售市場

的重要角色。

這個例子說明，真正的機會常常存在於被忽略的角落。美廉社並未一味與大型量販或超商競爭，而是精準切入市場空隙，發揮了策略眼光與執行力，在競爭激烈的零售業中穩健成長。

類似的例子還包括星巴克（Starbucks）的發展歷程。在其創始初期，咖啡市場已被即溶咖啡和傳統餐廳主導，而星巴克選擇提供高品質的現煮咖啡，並創造出「第三空間」的概念，吸引了大量消費者。這種區隔市場的策略，讓星巴克得以建立自己的市場地位，並在全球擴展。

避免競爭擁擠的市場

「沒有路的地方路最寬，沒有錢的地方錢最多。」這句話恰如其分地說明了藍海市場的概念。當所有人都湧向某個熱門產業時，市場的競爭將變得異常激烈，而利潤也會因此被稀釋。相反，選擇一條少人走的道路，反而能夠避開過度競爭，建立自己的獨特優勢。

例如，近年來許多企業紛紛投入電動車與綠能產業，但臺灣的台達電子工業股份有限公司（台達電）早在十多年前便已預見此一趨勢，並率先投入電動車動力系統與充電設備的研發。當多數傳統電子製造商仍專注於資訊與通訊產品時，台達電已開始布局智慧能源解決方案與車用電力模組。

透過長期的技術研發與國際合作，台達電逐步建立起電動車電源供應、充電站與能源管理系統的完整產品線，並成功打入多家國際車廠供應鏈。這項前瞻性布局，使台達電在全球新能源轉型浪潮中占有一席之地，也讓其從傳統電子零組件廠轉型為智慧節能與綠色科技的領導品牌。

這個案例顯示，企業若能洞察未來趨勢並提早布局，不僅能避開紅海競爭，更能在新興市場中搶得先機，取得關鍵的產業主導地位。

掌握市場冷門，創造財富

除了企業家，個人投資者也可以運用這種策略。例如，在投資市場中，當所有人都將目光集中在熱門股票或房地產時，往往忽略了一些冷門但具潛力的產業，如綠色能源、AI 人工智慧應用等。那些在這些領域提前布局的人，通常能夠在市場成熟後獲得豐厚的回報。

一個經典案例是網飛（Netflix）。在影視產業仍以傳統 DVD 租賃為主流時，網飛預見了數位串流的未來，並果斷轉型。當競爭者意識到這一趨勢時，網飛已經建立了強大的市場地位，難以撼動。

勇於探索未知市場

《道德經》中有句話：「夫唯不爭，故天下莫能與之爭。」這並非指完全放棄競爭，而是要學會選擇合適的競爭方式。當市場中的競爭過於激烈時，尋找新的領域，建立自己的競爭優勢，才是長久生存之道。

從歷史到現代，成功的企業與投資者都證明了一個不變的道理——財富並不總是來自熱門市場，而是在別人未曾注意的角落中悄然誕生。因此，與其跟隨大眾腳步，不如勇敢探索未知，開創屬於自己的藍海市場。

成功可以複製，但關鍵在於創新

「沒有資本的地方，往往蘊藏最多的機會」，但這並不代表所有選擇這些市場投資的人都能獲利。依照帕雷托 80/20 法則，能夠在市場初期洞察商機並果斷行動的人畢竟是少數，這需要過人的眼光與魄力。因此，如果不確定自己是否屬於這極少數的行列，那麼「穩健經營」仍然是較為可行的策略。

成功模式皆可參考

雖然，並非所有選擇市場投資的人都能獲利。然而，這並不代表我們無法在市場中找到成功的機會。就像在選購飲料時，消費者未必只買某個品牌的可樂，而是會根據需求選擇替代產品。同樣地，市場上的成功模式並非獨占，任何成功的經驗都值得借鑑。關鍵不在於獨創，而是能否有效地學習與應用，畢竟，「再值得稱道的失敗仍是失敗，而複製別人的成功依舊是成功」。對於創業者而言，賺錢才是最終目標，而非追求失敗的創新。

從成功案例看模仿的力量

在現代商業世界，成功模式的複製仍然屢見不鮮。例如，2008 年，美國企業家布萊恩．切斯基（Brian Chesky）和喬．吉比亞（Joe Gebbia）創辦 Airbnb，透過共享經濟模式改變了旅宿市場。這一模式的成功，讓許多其他企業開始模仿，例如中國的途家（Tujia）便借鑑了 Airbnb 的模式，並根據當地市場需求進行調整，專注於高級旅宿市場，最終在市場取得成功。

類似的例子還有外送平臺的發展。Uber Eats 最早在美國推動外送市場，後來 foodpanda、Deliveroo 等企業便模仿這一模式，並針對不同市場進行調整，例如增強與當地餐廳的合作關係，或發展更快的物流配送系統。這些企業證明了，成功的商業模式可以被複製，但要因應不同市場做出適當調整，才能真正取得成功。

如何有效複製成功模式？

許多人夢想創業，卻因資金或經驗不足而卻步。有些人即使開業，也可能因經營不善而不得不關閉。然而，如果能夠細心觀察市場並學習成功業者的經驗，則能大幅降低創業風險。舉例來說，當你走進生意興隆的店家時，不妨花幾分鐘與店員交流，或者仔細觀察其經營模式，這可能會為你的創業計畫帶來啟發。

模仿成功模式的好處顯而易見。首先，它降低了試錯成本，讓創業者可以在相對穩定的基礎上前進。其次，它提供了一條清晰的學習路徑，讓初學者能夠有跡可循。最重要的是，這種方式能夠幫助企業在累積一定資本與經驗後，再進一步創新。畢竟，創新並非一蹴可幾，而是需要資源與時間的投入。在企業發展初期，先透過模仿來站穩腳步，待時機成熟後再尋求創新，才是更務實的選擇。

馬斯克的創業策略

即使是知名企業家，也曾藉由模仿來累積成功基礎。例如，特斯拉（Tesla）的創辦人伊隆・馬斯克（Elon Musk）雖然被視為科技創新的代表，但他的成功路徑其實也包含大量的學習與借鑑。他的電動車概念並非完全創新，而是基於早期電動車技術進行改良。例如，特斯拉學習了豐田（Toyota）與通用（General Motors）在電動車領域的經驗，並將其核心技術如電池系統和自動駕駛進行改進，使之更適合消費市場。此外，他的太空事業 *SpaceX*，同樣借鑑了 NASA 的技術，但透過成本控制和可重複使用的火箭技術，使商業太空旅行成為可能。

這些例子顯示，即便是最具創新性的企業家，也會透過模仿與改良來逐步發展自己的事業，並最終實現突破。

盲目模仿難以長久，創新才是關鍵

然而，僅僅模仿並不能保證長期成功。市場競爭激烈，單純的複製終究無法形成獨特優勢。因此，真正關鍵的不是機械式地照搬模式，而是如何從模仿中學習經驗，進而發展出自己的特色與創新。企業最終仍需具備獨特的市場定位與創新能力，才能在競爭激烈的市場中站穩腳步。

模仿是基礎，創新是關鍵

模仿是成功的捷徑，但僅靠模仿無法長久。企業應在借鑑成功經驗的同時，根據自身條件進行調整，最終發展出獨特的競爭優勢。唯有在穩固基礎後，逐步發展原創性，才能真正實現市場突破與長期發展。

品格決定產品，產品塑造品牌

人品與產品同等重要，信譽與品牌同樣珍貴。

在商業世界裡，一個人的品格不僅影響他的人際關係，更決定了他的產品品質與品牌價值。其實，不只是企業家，每個人每天都在無意間經營自己的品牌形象。否則，當別人對我們有負面評價時，我們又何必在意？

品牌的力量

相同的一雙鞋，有的價格上萬元，有的只需幾百元，這便是品牌價值的體現。同樣都是人，有些人廣受歡迎，無論走到哪裡都備受喜愛；但有些人卻讓人避之唯恐不及。這也是品牌形象的差異。

擁有良好品格的人，即便能力略遜一籌，也容易獲得合作機會與信任；而品行不端的人，即使才華出眾，長久下來也難以獲得持續的成功。正如古語所說：「君子固窮，達則兼濟天下。」品格是決定個人成就的關鍵因素。

誠信經營的力量

2010 年初，美國加州有一位名叫凱薩琳的女性創業者，她開設了一家麵包店，從創業伊始便堅持「以誠取信」的經營原則。

為了贏得消費者的信賴，她特別標明每款麵包的烘焙日期，並承諾絕不銷售超過三天的產品。此外，公司還配備專門的回收車，確保所有過期麵包都能被妥善處理。

某一年秋天，加州遭遇嚴重水災，糧食供應短缺，麵包成為搶手貨。但即便在這樣的情況下，凱薩琳依舊堅持她的原則，按時回收過期麵包。

當時，一輛載滿過期麵包的回收車正準備返回公司，途中卻被一群飢民攔下，懇求購買麵包充飢。運貨司機基於公司規範，無論如何都不肯販售。飢民們急切地希望能夠獲得食物，場面一度緊張。

此時，幾名記者剛好路過，得知情況後，他們也認為公司應該在特殊時期變通處理，勸說司機通融。但司機卻擔心違規會丟掉工作，不敢輕易決定。

然而，他靈機一動，對記者低聲說：「我不能賣，但如果他們自己拿走，並憑良心留下些許錢款，那麼我就沒有違規了。」

記者向現場群眾轉述了這番話，人們恍然大悟，隨即依序取走麵包並留下部分錢款。此舉既解決了人們的燃眉之急，也保住了司機的飯碗。

隔日，這則新聞登上報紙頭版，記者們大力讚揚凱薩琳公司「誠信經營」的企業精神，讓她的品牌形象更加深植人心。短短半年內，麵包銷量暴增五倍，凱薩琳也因此獲得「麵包女皇」的美譽。

品格與企業的長遠發展

過去有人說：「無商不奸」，但事實上，唯有誠信經營的企業才能真正長久發展。市場上不乏投機取巧的商人，他們生產劣質商品、甚至販售黑心食品以謀取暴利，但這些企業終究無法持續經營，最終都會受到市場與法律的制裁。

企業的成功並非僅靠短期的利益，而是源於長期的誠信與品質保證。唯有將「做人」的原則落實到企業經營之中，才能真正贏得消費者的信任，打造屹立不搖的品牌。

經營人脈而非消耗人脈

「不想當老闆的員工不是好員工」，這句話時常在網路上流傳，然而現實並非如此簡單。每個人或許都曾夢想創業，問題在於如何從基層員工蛻變為成功的企業家，並且在成為老闆後持續發展。

人脈是成功的關鍵

社會運作的基礎是人，而人脈往往決定了一個人能走多遠。許多成功人士的經歷都顯示，建立並經營廣泛而可靠的人脈，往往比單純累積財富或知識更為重要。人脈不只是錢脈，更是事業的命脈。

然而，有些人即便擁有廣泛的人脈，卻在關鍵時刻發現朋友無法伸出援手，或是求助無門。為何會如此？這與他們是否真正用心經營人脈息息相關。

人脈經營的正確方式

以一個真實案例為例，我的一位同學A君曾經創立了一間銷售公司，專營某品牌的牙膏代理業務。由於資金有限，他邀請一群老同學共同創業，承諾公司盈利後將依照股份分紅，但在獲利之前則無法提供固定薪資。

初期，大家憑藉著對A君的信任，全心全意投入，公司的發展也逐漸步上軌道。然而，當年底大家期待分紅時，A君卻開始推諉，時而聲稱資金周轉困難，時而表示支票有問題，遲遲不肯兌現承諾。

這種行為讓團隊成員失望，甚至開始各自為政，最終公司內部因利益糾紛發生衝突，團隊瓦解。這正是「過河拆橋」的典型例子：A君希望利用人脈，但卻忽略了信任和互惠的重要性。

人脈是互相支持，而非單向利用

在商場上，成功的企業家不會只顧眼前利益，而是懂得「過橋不拆橋」，甚至「過橋修橋」，讓人脈更為穩固。許多國際成功人士的事業拓展，往往伴隨著長期的合作夥伴關係，而非單純的利益交換。

一個經典的案例來自時尚品牌 ZARA 的創辦人阿曼西奧・奧特加 (Amancio Ortega)。在他創業初期，他的製造工廠並不具規模，但他與供應商建立了良好的合作關係，承諾長期合作並共享成長機會。這種互惠模式讓 ZARA 能夠快速擴展供應鏈，最終成為全球知名的服飾品牌。

共享利益才能長久發展

曾國藩曾說：「美事不可一人占盡。」一個人即使再努力，也難以單打獨鬥獲得長久的成功。如果一個人總是想占盡好處，不願分享成功，最終只會讓自己孤立無援。

人脈的建立不應該是單向的索取，而應該是互惠互利的過程。成功的企業家往往懂得讓夥伴們在合作中受益，這樣才能長久維持合作關係，開創更多商機。

人心換人心

人脈不是用來消耗的，而是需要經營和維護的。真正的朋友不應該只是當成資源，而是應該彼此扶持，共同成長。

下次當你建立一段人際關係時，請問問自己：「我能為對方帶來什麼價值？」當你願意為他人提供幫助，你的人脈才會越來越穩固，事業才會有更多機會發展。

互助與共榮，
從天堂與地獄的故事談商業道德

從前，上帝派遣一名使者前往地獄與天堂進行視察。當他來到地獄時，發現那裡的人個個面黃肌瘦，顯得毫無生氣。他心想，這是否是因為地獄沒有食物供應？然而，事實並非如此，地獄的餐桌上擺滿了豐盛的食物，但每個人手中的湯匙卻特別長，讓他們無法將食物送進自己的嘴裡。每次舀起食物，卻總是因為湯匙太長而灑落地上，最終化為烏有，這樣的困境讓地獄裡的人長年受苦。

接著，使者來到了天堂，卻發現這裡的景象截然不同——每個人都神采奕奕，生活和諧愉快。他仔細一看，發現天堂的餐桌與地獄並無二致，同樣有豐富的食物，每個人手中的湯匙也一樣長。然而，不同的是，天堂裡的人懂得互相餵食，他們用長湯匙將食物餵給對方，因此人人都能吃飽，彼此受惠。

這個故事告訴我們，人性雖有自私的一面，但如果過於自私，就會陷入困境，最終害了自己。反之，若能懂得分享與合

作，便能共同繁榮，締造和諧的社會。這樣的道理不僅適用於個人，更適用於企業經營。

商道即人道，企業的長遠發展之道

《周易》有云：「天行健，君子以自強不息；地勢坤，君子以厚德載物。」意即君子應當像天體運行般持續奮鬥，同時也要有如大地般厚德載物，包容萬物。換句話說，成功不僅需要能力，還需要品德，而這正是企業長久發展的關鍵。

日本知名企業家稻盛和夫曾經說過：「企業的存在，除了追求利潤，更重要的是要讓員工幸福，讓社會更美好。」這樣的理念與許多成功企業的經營哲學不謀而合。臺灣的台積電便是最佳例證。創辦人張忠謀強調誠信與社會責任，將企業視為社會的一部分，積極回饋社會，致力於環保與公益，這使台積電不僅在技術上領先全球，更成為受人尊敬的企業。

商德與成功，星巴克的經營理念

在全球連鎖咖啡品牌中，星巴克一直以其企業文化和社會責任聞名。其創辦人霍華德．舒茲（Howard Schultz）深信，企業的成功不僅取決於產品與營運，更關鍵的是如何對待員工與社會。

星巴克在全球率先為兼職員工提供健康保險，並推動「公平貿易咖啡」，確保咖啡豆生產者獲得合理報酬，減少剝削行為。此外，星巴克積極投入社會公益，例如為經濟弱勢學生提供獎學金、支持環保計畫等。這些舉措不僅讓星巴克獲得消費者的信賴，也建立了長久的品牌價值。

霍華德．舒茲曾說：「企業的目的不僅是賺錢，而是要讓世界變得更美好。當你專注於創造價值，財富自然會隨之而來。」這正是商德與成功相輔相成的最佳例證。

企業的終極價值

有企業家曾說：「賺錢固然是企業的基本目標，但如果只是為了賺錢，那麼終極目標是什麼？如果只關心獲利，可能會不擇手段，甚至傷害他人或環境。」真正成功的企業，往往不僅追求財富，更重視長遠的價值。

天堂與地獄的故事告訴我們，唯有合作與分享才能帶來真正的繁榮。在商場上，企業的成功不僅取決於其獲利能力，更在於其是否能夠創造共榮的價值。唯有在追求利益的同時，兼顧誠信與社會責任，才能讓企業立於不敗之地，實現真正的永續發展。

克制、冷靜與智慧，商場制勝之道

制怒才能制勝，做生意更要學會冷靜與忍耐。

分清主次，穩住心態

無論是個人處世還是企業經營，首要之務是分清何者為根本，何者為枝微末節。在面對問題時，千萬不能只關注個人情緒起伏，而忽略更重要的長遠發展。

人們常說：「和氣生財」，其核心理念在於，想要獲得成功，必須具備忍耐與包容的精神。逆境中需要忍耐，困境中更需沉穩，而在商業競爭中，這種忍耐尤為重要。客戶是企業的生命線，如何對待顧客，決定了事業的高度。如果過於重視面子、不懂得靈活應變，那麼財富可能會從眼前溜走。正如前人所言：「與人爭鋒不可取，與財富過不去更是愚蠢之舉。」

機會稍縱即逝，國際影視業的教訓

熟悉電影產業的人，應該對美國知名電影公司米高梅（MGM）以及影星克里斯多福諾蘭（Christopher Nolan）耳熟能詳。然而，許多人不知道的是，米高梅曾因為過於堅持己見，而錯失與諾蘭合作的機會。

21 世紀初期，諾蘭憑藉《記憶拼圖》（*Memento*）在國際影壇嶄露頭角，許多電影公司紛紛對他表達興趣。當時，米高梅有機會與諾蘭合作，但因諾蘭提出的條件較為嚴苛，包括對製作預算的高要求以及希望擁有更大的創作自由，米高梅高層未能讓步，最終諾蘭選擇與華納兄弟（Warner Bros.）簽約，並執導了《黑暗騎士三部曲》，為華納創造了數十億美元的票房收入。

類似的情況也發生在音樂產業。2000 年代，蘋果公司創辦人史蒂夫．賈伯斯（Steve Jobs）曾試圖與多家唱片公司合作，推動 iTunes 音樂商店的發展。然而，部分唱片公司因為對數位音樂的未來持懷疑態度，拒絕與蘋果合作，結果導致市場主導權被蘋果與 Spotify 等平臺奪走，這些唱片公司直到多年後才發現錯失良機。

財富來自謙遜與靈活

這些案例提醒我們，企業在資源豐厚時，若過於自滿或缺乏彈性，反而可能錯失良機。反觀那些從零開始的企業家，他們在創業初期往往謙遜務實，願意與夥伴溝通合作。然而，一旦事業有所成就，若態度轉變為傲慢與固執，則可能影響未來發展。

現實中，我們經常見到一些人，當資源有限時，處事謹慎，對人客氣；但當財富增加後，卻變得自負，甚至流露出盛氣凌人的態度。這樣的行為模式不僅影響人際關係，也可能使財富逐漸遠離。畢竟，金錢如流水，總會流向懂得謙遜、靈活應變的人手中。

鐵腕將軍喬治．巴頓與情緒管理

美國陸軍四星上將喬治．巴頓（George Smith Patton）素以鐵腕作風著稱，被譽為「鐵膽將軍」。他性格火爆，對懦弱深惡痛絕，甚至在訓斥部下時顯得過於嚴厲，以至於部分媒體形容他是「美軍中的匪徒」。然而，他的脾氣與領導風格，也最終影響了他的軍旅生涯。

西西里島事件與公眾輿論

1943 年 7 月，巴頓擔任美國第七集團軍司令，與英國將領哈羅德．亞歷山大（Harold Alexander）及伯納德．蒙哥馬利（Bernard Law Montgomery）合作，率軍登陸義大利西西里島。某日，巴頓視察戰地醫院，來到一名士兵身旁，關心地詢問：「你有什麼需求？」

「我想回國。」士兵低聲回答。

「為什麼？」巴頓追問。

「我的聽力出了問題，聽不清楚炮聲。」

這句話瞬間激怒了巴頓，他暴怒大吼：「你是個懦夫！你真是個廢物！」隨後，他直接賞了士兵一個耳光，並對著醫護人員咆哮：「這裡不准再收留這些人，他們根本沒病，只是在逃避戰爭！」

此事很快被媒體曝光，在美國引起極大爭議。許多士兵的母親向政府請願，要求撤換巴頓，甚至有組織主張將他送上軍事法庭。儘管軍方極力緩頰，試圖平息事態，但這次事件對巴頓的聲譽造成了難以彌補的損害。1945 年，歐洲戰事剛結束，巴頓因其性格暴躁、行為衝動及政治立場爭議而被撤職。

情緒管理的重要性

將領對士兵嚴厲要求並不罕見，但巴頓因無法控制自身情緒，過度反應，導致輿論反彈，最終影響了他的軍旅生涯。這也再次證明了在任何環境下，保持冷靜、掌握分寸的重要性。單純發洩怒火，不僅無助於問題解決，還可能傷害自身與他人的利益。

「我知道發脾氣不好，也試過很多方法，但就是控制不住！」這是許多人面對情緒問題的共同心聲。然而，心理學研究顯示，雖然遺傳因素會影響一個人的性格，但後天環境、生活習慣與個人修養才是真正決定因素。換句話說，學會控制情緒是可以透過後天努力達成的。

如何有效控制情緒？

禪宗故事中，曾有位商人向禪師請教：「我脾氣暴躁，總是無意間得罪客戶，該怎麼辦？」禪師回答：「你的暴躁是天生的嗎？如果是，請拿給我看看，我幫你治治。」商人一愣：「這怎麼拿得出來？每當事情不順心時，它才會冒出來。」禪師微笑道：「既然它不是天生的，而是偶爾才出現，那麼當它來時，你選擇不讓它發生，不就沒有暴躁的問題了嗎？」商人聽後陷入深思。

這則故事啟示我們，控制情緒的關鍵在於覺察並主動調適。心理學家指出，要克服易怒的習慣，可以從以下幾個方面著手：

一、提高語言表達能力

巴頓之所以選擇直接動手，而非理性溝通，與他習慣「訴諸行動」有關。許多脾氣暴躁的人在情緒高漲時，往往難以用語言清楚表達內心想法。因此，學習更有效的語言表達方式，能幫助人在衝突時透過對話來解決問題，而非透過怒吼或行動傷害他人。

二、避開引發憤怒的情境

易怒的人通常對環境刺激過於敏感，當事情不符預期或他人未能滿足其需求時，憤怒便會爆發。此時，最好的做法是暫時離開該情境，讓自己有冷靜思考的時間。許多研究證明，短暫遠離憤怒來源可以有效降低情緒強度。

三、將心比心，學會換位思考

易怒者常忽略他人的感受，因此，嘗試角色互換，站在對方立場思考問題，可以幫助培養同理心。例如，當伴侶或朋友表現出易怒時，我們可以設想自己若處於對方位置，是否也會有相似的情緒反應？透過這種方式，能逐步調整自己的情緒管理能力。

真正的強者能控制自己的情緒

巴頓的故事告訴我們，領導力不僅僅在於決策與行動，還包含對情緒的掌控。真正的強者，不是從不憤怒，而是能在憤怒來臨時，選擇如何回應。正如孔子所言：「不遷怒，不貳過。」（《論語．雍也》）

情緒管理是一生的課題，當我們學會控制憤怒，不僅能改善人際關係，也能讓自己在職場與生活中走得更遠。畢竟，真正的智慧不是不發怒，而是知道何時、如何表達怒火，並將其轉化為正向的力量。

從戰場到商場的理性力量

「善戰者，不怒。」這句話出自《道德經》，表面上談論戰爭，實際上則是在提醒世人，無論是行軍打仗，還是為人處世，都應學會控制情緒，避免因憤怒而失去理智。「商場如戰場」，在商業競爭中，盈虧交錯乃常態，紛爭甚至激烈對抗無可避免，因此，從商者更需具備穩定心態，才能立於不敗之地。

從科學與健康的角度看憤怒的代價

美國心理學家曾進行一項研究，結果顯示，人發怒時會消耗大量精力，若持續憤怒十分鐘，其消耗的體能不亞於一場三千公尺長跑。這或許讓缺乏運動的人感到興奮，但別高興得太早，研究還指出，人在憤怒時會分泌一種稱為兒茶酚胺（catecholamine）的物質，這種激素不僅對健康有害，長期累積還可能影響壽命。此外，該心理學家提出，動物在遭屠宰時也會因恐懼與憤怒分泌大量此類物質，因此過量食用肉類可能對人體產生不良影響。雖然這一觀點仍存爭議，但從歷史與現實案例來看，因憤怒而斷送前程者比比皆是，值得我們深思。

武術與修心，理性決定勝負

武術界有句格言:「練武不練功，到老一場空。」其中的「功」不僅指技藝，更是內在的修養與自制力。許多武術大師皆強調，制怒是武德的重要部分，真正的強者不僅在技術上勝人一籌，更在心態上不受外界干擾。

英國歷史上著名的劍手奧瑪爾便是一例。他與一位實力相當的對手比試長達二十多年，始終不分勝負。有一次，當他即將戰勝對手時，對方情急之下竟向他吐了一口唾沫。然而，奧瑪爾並未趁勢取勝，反而收劍後說：「我們明天再決勝負。」對手不解，奧瑪爾解釋：「我一直在修練自己，確保不帶一絲怒氣進行比試。剛才你吐了口水，我心中一瞬間升起怒意，因此，這場比賽我並未真正獲勝。」這份克制與理智，正是他成為頂尖劍士的關鍵。

冷靜的力量，智者的制勝之道

當一個人怒髮衝冠時，他的理智便淪為憤怒的俘虜，如同野獸一般無法自控，甚至可能做出損人不利己的決策。那麼，智慧的核心是什麼？或許很難有統一的定義，但可以確定的是，沒有冷靜，再多的智慧也無從發揮。唯有在面對挑戰時保持冷靜，才能掌握主導權，而不被情緒左右。

美國石油大亨約翰·D·洛克斐勒（John D. Rockefeller）曾在法庭上與一位咄咄逼人的律師交鋒。該律師接連拿出多封信件質問洛克斐勒是否收到，而洛克斐勒始終以冷靜且不變的語調回答：「是的，先生，我確定收到了。」律師見狀，情緒逐漸失控，最終在憤怒中大聲咒罵，甚至違反法庭紀律。結果，法官不僅判洛克斐勒勝訴，還剝奪了律師繼續辯護的資格。這場法律戰，最終因洛克斐勒的沉著冷靜而獲勝。

化解分歧，贏得長遠利益

儘管商場如戰場，但商業競爭不應淪為無休止的衝突與對抗。許多時候，分歧並不必然需要一決勝負，而是可以透過智慧與溝通達成雙贏。曾登上亞洲首富寶座的印度鋼鐵業鉅子拉克希米．米塔爾（Lakshmi Mittal）曾說：「身為印度人是一種真正的優勢……如果你從小在一個擁有三百多種語言和眾多民族的國家成長，你就會學會如何化解矛盾，達成共識。」正是這種處事哲學，使他在全球商場屢創佳績。

理性決定未來

真正的強者並非不會憤怒，而是懂得何時該控制自己的情緒。從戰場到商場，制怒不僅是勝利的關鍵，更是維護長遠成功的智慧。唯有冷靜思考、理智行事，才能在人生與競爭的舞臺上屹立不搖。

成功沒有捷徑，只有累積與堅持

成功來自於努力和累積，而不是僥倖與捷徑。

放下幻想，面對現實

在現實世界裡，成功並非憑空而來，而是無數努力的累積與時間的沉澱。許多人嚮往一蹴而就的捷徑，希望透過外在條件獲得優勢，然而，真正的成就從來不是憑藉運氣，而是依靠實力。

成功的門檻不會降低

我們常聽到一些人抱怨：「如果能夠有更好的資源和環境，我一定能成功。」然而，成功的門檻並不會因為個人的需求而降低。如果人人都能輕易達成目標，那麼這個世界的競爭力也將失去價值。成功需要歷經考驗，唯有真正具備能力的人，才能突破困境，獲得長久的成就。

關鍵在於實力，而非機遇

許多人誤以為成功是運氣使然，然而，機會只會眷顧有準備的人。即便幸運降臨，若沒有足夠的實力，也無法長久維持成功。許多企業家、藝術家和專業人士，他們之所以能在各自領域發光發熱，並非因為運氣特別好，而是因為長期的努力和深厚的實力。

沒有捷徑，只有累積

想要在競爭激烈的世界裡脫穎而出，必須一步一腳印地累積經驗與知識。例如，一位世界知名的建築師，在成為業界翹楚之前，可能花了數十年時間學習結構設計、實地考察建案、研究創新材料，甚至不斷挑戰自己的設計極限。他的成功，不是因為突然獲得一個大案子，而是因為多年來的努力，讓他具備了執行大型項目的能力。

穩扎穩打，才能長久

成功並不是短暫的高峰，而是一場持久的馬拉松。許多速成的方法，或許能讓人在短時間內獲得亮眼的成績，但長遠來看，真正能夠站穩腳步的，還是那些耐心打磨實力的人。

與其期待成功的門檻降低，不如問問自己：我是否具備躍過這道門檻的實力？如果還沒有，那就努力鍛鍊，踏實前行，讓自己真正有能力迎接成功的到來。

從小事與小錢開始

許多人，特別是尚未致富的人，總渴望有朝一日財源滾滾，成為成功的企業家，能夠無拘無束地消費，享受富裕人生。然而，現實是，大多數人終其一生無法如願以償。這是因為努力不夠嗎？其實不然，真正讓人無法累積財富的，往往是過度急切的賺錢心態。他們忽略了「積少成多、聚沙成塔」的道理，一心只想一夜致富，結果卻常常錯失了真正的機會。

財富來自踏實的累積

事實上，許多成功的企業家並非一開始就擁有亮眼的成績，他們大多從基層做起。像是亞馬遜創辦人傑夫．貝佐斯（Jeff Bezos）在創業之前，也曾經從事普通的金融分析工作；阿里巴巴創辦人馬雲，則是從英語老師開始他的職涯。政治領袖、軍事將領、商業鉅子，無一不是經歷過從小事開始的過程。

每個人都渴望「乘長風破萬里浪」，但歷史上有多少人能夠憑空而起、一步登天？在資源有限、背景普通的情況下，「先做小事，先賺小錢」無疑是最穩健的選擇。重要的是，不要把成功寄託在難以掌握的「機遇」上，因為機遇往往伴隨著風險與不確定性，真正的成功來自於踏實的努力與累積。

為什麼要從小事、小錢開始？

一、累積經驗與能力

從小事開始，能夠在低風險的環境下學習，了解自身的優勢與不足。當小事處理得當，才有能力承擔更大的責任。同樣地，當能夠穩定地賺取小額收入，才有機會學習如何管理更龐大的資源與財富。

二、建立穩固的金錢觀

透過賺小錢，能夠培養正確的理財態度與財務管理能力。許多富翁在創業初期都是從基礎的生意開始，學習如何控制成本、提升效率，這些經驗對於未來的財富管理至關重要。

三、提高市場競爭力

透過小生意或基層工作，能夠接觸市場、理解客戶需求，這些都是日後擴大規模的關鍵。世界上許多億萬富翁，都是從微小的商機開始，例如星巴克創辦人霍華德．舒茲（Howard Schultz），最初只是販售咖啡設備，後來才發展成全球連鎖咖啡品牌。

「小錢是大錢的祖宗」

西方一位成功的企業家曾說：「小錢是大錢的祖宗。」相關研究也顯示，全球90%以上的富豪，起初都是從小生意起家，例如零售、餐飲、個人服務等，透過長期累積，才建立起龐大的財富。

許多成功人士的經歷，都再次驗證了「從小事做起、從小錢累積」的重要性。因此，無論未來的目標多麼遠大，我們都應該謹記：不輕忽任何一個小機會，也不輕視每一分收入。試想，一個連小事都做不好的人，如何能夠承擔大事？一個不願意賺小錢的人，又怎麼能期待自己未來掌握大筆財富？機會從來不會憑空降臨，而是來自於日積月累的準備。

腳踏實地才能真正致富

想要成功致富，憑空幻想或過於急躁都是不切實際的。「先做小事，先賺小錢」不僅能累積經驗與實力，也能讓我們擁有更穩健的財務基礎。千萬不要因為目標遠大，就輕忽了腳下的每一步。踏實前行，才能真正開創屬於自己的成功之路。

掃除一室與掃除天下

東漢時期，陳蕃出身名門，從小喜愛讀書，立志有所作為。然而，當家道中落後，他仍然潛心苦讀，不為環境所動。為了專心向學，他獨自搬進一處清幽的庭院。然而，他的缺點在於對生活瑣事漫不經心，連自己的書房與庭院都懶得整理，久而久之，院內雜草叢生。

有一天，父親帶著友人薛勤來訪，見到屋內凌亂不堪，薛勤便問陳蕃：「你怎麼不打掃一下呢？」陳蕃自信地回答：「大丈夫應當掃除天下，怎能只掃一室？」薛勤聞言，笑著提醒：「你連一室都不願打掃，又如何掃除天下？」這番話讓陳蕃大受啟發，從此凡事親力親為，最終成為國之棟梁。

立志遠大，貴在踏實

許多人自幼懷抱宏偉志向，立志成為企業家、科學家或領袖。然而，真正能夠實現抱負的人，往往是那些懂得從小事做起，並持之以恆努力的人。

現實中，許多人不屑於從小事做起，總認為自己生來就應該做「大事」。然而，正如俗語所言：「萬丈高樓平地起」，成功來自於微小累積。若無腳踏實地的精神，即使機會降臨，也難以把握。

腳踏實地的成功者

2020 年，特斯拉（Tesla）在全球擴展市場，並計畫在亞洲設立更多據點。他們進行了嚴格的人才篩選，以尋找能夠勝任未來發展的管理人才。在這次招募中，一位名叫張偉的年輕人通過多輪測試，來到了最後一關。

面試官問他：「如果公司要你先從生產線上的基本工作做起，例如整理零件或檢測產品，你願意嗎？」張偉毫不猶豫地回答：「當然，熟悉基層工作才能更好地理解整個運作流程。」

這樣的態度讓面試官印象深刻，最終錄用了他。幾年後，張偉憑藉紮實的基礎與努力，晉升為特斯拉亞洲區的高層管理者。

另一個例子來自科技業的龍頭企業 —— Google。2021 年，Google 在新加坡擴展業務，招聘一批新員工。面試時，候選人之一林佳怡走進會議室，發現桌上有幾份資料散落在地上。她沒有猶豫，立即彎腰撿起來並整理好。

面試官見狀，微笑著說：「你的應聘過程已經完成了。」她驚訝地問：「但我還沒有回答問題呢？」

面試官回應：「我們在尋找細心、能夠關注細節且願意主動解決問題的人。你已經展現了這些能力，因此，我們願意錄用你。」最終，林佳怡在 Google 獲得了一份理想的職位，並在數年間晉升為部門主管。

近年來，一些創業家也分享了他們的經驗。例如，Airbnb 的創辦人布萊恩．切斯基（Brian Chesky）在創業初期，不僅親自打掃出租房屋，還親自迎接每一位房客，確保服務品質無可挑剔。這種對小事的重視，使 Airbnb 逐漸發展成為全球共享經濟的代表性企業。

成就大事，從小事做起

何謂小事？何謂大事？我的一位前輩曾說：「客戶的事，再小也是大事；自己的事，再大也是小事。」事情的大小應視情境而定，然而，許多人自詡志在高遠，卻連手邊的瑣事都做不好。

有人說：「能夠把簡單的事情天天做好，就是不簡單。」成就偉業，關鍵在於一步一腳印的累積。當我們認真地對待每一件小事，大事自然水到渠成。唯有如此，終有一天，我們才能真正掃除天下。

專注成就專業，專業成就專家

「一技」養家，「一技之長」才能致富，堅持你的選擇！

許多成功的關鍵並不在於才能，而在於是否能夠專注於目標，並持之以恆。古人有云：「人挪活，樹挪死」，變通確實是生存之道，但如果像某些人那樣，始終找不到方向，頻繁更換目標，最後只會落得一事無成。

三心二意的危害，從頻繁轉向到失去方向

創業初期，方向感與堅持往往比點子更重要。以臺灣創作者阿滴（王子麵）為例，在成為知名 YouTuber 之前，他也曾經歷一段不穩定的創業摸索期。大學畢業後，他對網路產業充滿興趣，一開始投入的是網站開發與網路行銷，然而，由於市場競爭激烈，加上缺乏明確定位，他始終找不到穩定的營收來源。

之後，他又轉向經營語言學習社群網站，希望結合自己的英語教學背景與網路優勢打造學習平臺，然而該計畫因資源不

足與營運不當而中止。他甚至短暫考慮過轉行進入傳產或其他穩定職場，試圖尋求快速回本的機會，但結果仍感到力不從心。

這段期間，他不斷嘗試新方向，卻總在還未完全投入時就轉換跑道，導致時間與資源分散，也讓自己愈來愈缺乏信心。直到後來他與妹妹滴妹一起投入 YouTube 頻道「阿滴英文」，結合教學專業與內容創作，才真正找到長期且穩定的方向，逐步累積品牌與影響力。

這個經歷說明，創業者若在初期過於焦躁、頻繁轉向，往往容易陷入「一直開始，卻從未完成」的惡性循環。成功的關鍵不在於追逐每一個看似有潛力的機會，而是能否穩定地投入一個方向，持續耕耘，累積實力與信任。

機會多並非好事

許多人以為機會難得，實際上，過多的機會反而會讓人無從選擇。王志明原本在一家科技公司擔任工程師，薪資穩定，職涯發展前景良好。但在聽聞朋友投資加密貨幣大賺一筆後，他毅然決定辭職，全心投入加密貨幣交易。

剛開始，他確實賺了一些錢，但隨著市場波動加劇，他的投資不斷縮水。他開始焦慮不安，於是又轉向短線股票交易，試圖彌補損失。然而，短線交易的風險極高，他在短短半年內賠掉了大部分積蓄，最後不得不重返職場，卻發現自己因離開技術領域太久，競爭力已不如從前。

不要被外界干擾

某次企業訓練營中，講師做了一個實驗：在白板上畫了一個紅點，然後問臺下的學員：「你們看到什麼？」

大部分人回答：「一個紅點。」

講師微笑著說：「沒錯，但你們忽略了整個白板。」

這個實驗告訴我們，當我們過度專注於眼前的小變化時，往往會忽略更大的格局與目標。許多人因為短期的挫折而放棄原本的志向，結果在不同的領域中輾轉，卻始終無法達到成功。

盲目轉行的代價

李嘉翔畢業後，曾立志成為一名成功的廚師，於是進入高級餐廳當學徒。然而，學習廚藝需要時間與耐心，他覺得晉升太慢，於是決定轉行做旅遊業。

在旅遊業工作了一年後，他因為疫情影響，旅遊業低迷，於是又開始學習程式設計，想轉行進入科技業。然而，他發現自己並不擅長程式開發，於是又回頭想要經營網紅事業，但因為缺乏特色，無法吸引粉絲。

結果，數年間他嘗試了多個行業，卻始終未能在任何領域取得成就。最後，他才體悟到，成功需要長期深耕，不能總是見異思遷。

專注才能成功

許多人犯過類似的錯——總以為其他行業更有前景，結果頻繁轉換跑道，最終什麼都沒能做成。事實上，無論是哪個行業，都有成功的機會，關鍵在於是否願意堅持到底。

村上春樹長年專注於小說創作，終於成為世界知名的文學大師；特斯拉創辦人伊隆．馬斯克多年深耕科技創新，終於引領電動車與太空探索產業。成功從來不是一蹴可幾，而是需要時間與毅力。

真正的成功往往需要長時間的努力與累積。當面對困難時，與其急於轉行，不如靜下心來深耕自己的領域。就像白板上的紅點實驗一樣，專注於大局，遠離外界的誘惑，才能確保自己的努力最終開花結果。

一技之長與專注精神

張教授是一位專精於職場發展的講師，長年研究專業技能的養成與提升。他的課程內容生動且富有啟發性，總能讓人深入思考。有一次，他在課堂上問學生：「請認為自己擁有一技之長的同學舉手。」許多學生紛紛舉手。他走到一位男同學面前，問道：「你認為自己在哪方面擁有一技之長？」

這位男同學回答：「我從事攝影多年，也算小有成就。」

張教授繼續問：「你認為自己是全臺攝影領域最具影響力的人嗎？」

他搖頭：「不是。」

張教授再問：「那你認為所有攝影師都應該向你學習嗎？」

他再度搖頭：「也不是。」

張教授笑了笑，說：「那麼，你擁有的只是『一技』，而非『一技之長』。舉例來說，一位攝影師拍攝一張照片收 500 元，這是『一技』；但如果他的作品能夠賣到 50 萬元，那才是『一技之長』。一位平面設計師為客戶設計一張海報收 1,000 元，這只是『一技』；但如果他的設計作品被國際品牌採用並收費數百萬元，那才是真正的『一技之長』。」

「一技」與「一技之長」的區別

這番話發人深省。在過去，只要掌握一門手藝，如木雕、織布、竹編等，都能夠養活自己，所謂「荒年餓不死手藝人」。然而，現今社會，單純擁有「一技」已經不足為奇，關鍵在於是否能夠將其提升至「一技之長」。如張教授所說，「一技」只能讓人維持生計，而「一技之長」則能帶來卓越的成就。

眼鏡修復師的專業價值

某家知名眼鏡品牌的旗艦店，曾遇到一副客製化眼鏡鏡片無法對準的問題，內部技師檢查了許久仍無法解決，最後請來一位資深眼鏡修復師。他僅僅用手指輕輕觸摸鏡框幾下，接著拿起微調工具，調整了一個細微的角度，問題瞬間解決。

店長詢問修復師的費用，他開口便要五萬元。店長驚訝地說：「只調整了一個角度，就要這麼高的費用？」修復師笑道：「動手調整只值 500 元，但知道該調哪裡，則值 49,500 元。」

專注才能成功

並非每個人都能成為這位修復師那樣的專家，也不是所有人都需要達到「一技之長」才能獲得成功。然而，關鍵在於這種專注精神 —— 將自身的技能不斷精進，達到更高層次。

有個故事講述一位青年因事業不順，向一位陶藝大師求教。大師遞給他一塊尚未成形的陶土，請他捏出一個完整的茶壺。青年試了幾次，總是做不出對稱的壺身。

大師說：「你嘗試做了這麼多種造型，卻沒有一個是完美的。要做好一個壺，與其一直變換方式，不如專注於一種方法，反覆練習直到掌握技巧。」

青年恍然大悟。回去後，他專注於茶壺的製作工藝，反覆練習幾年後，終於成為知名陶藝師。

成功來自專注與堅持

俗話說：「三百六十行，行行出狀元。」成為某個領域的頂尖人才，需要的是不斷努力與專注。許多人在追求成功的過程中，經常分心於短期機會，結果錯失真正的成就。

當今社會充滿各種誘惑，很多人選擇走捷徑，而非踏實耕耘。然而，真正的專業人士會堅持到最後，把水燒開。對於每個人而言，關鍵在於選擇一壺水，持續加柴，直到成功沸騰。

專注是通往成功的關鍵

有一次，一位年輕學者前往拜訪法國著名雕塑家奧古斯特·羅丹（Auguste Rodin），請教如何獲得成功。當他隨羅丹走進工作室時，羅丹隨手掀開一塊紅布，露出一座幾近完美的雕塑雛形。然而，羅丹凝視著自己的作品，似乎仍不滿意，於是拿起雕刻刀，不停地琢磨與修改，全然忘卻了旁人的存在。這位學者在一旁等了一個小時、兩個小時、三個小時……直到一個下午過去，羅丹終於放下工具，望著自己的作品露出會心的微笑。當他轉身準備離開工作室時，才驚覺竟然把客人忘得一乾二淨，趕緊向對方致歉。然而，這位學者卻滿懷欣喜地說：「我應該感謝您，因為我已經找到了成功的祕訣，那就是——專注。」

無獨有偶，與羅丹同時代的法國昆蟲學家尚-亨利·法布爾（Jean-Henri Fabre）也曾經遇到類似的情境。

有一次，一名年輕人向法布爾請教：「我全心投入於自己熱愛的事業，但卻收效甚微，這是為什麼呢？」

法布爾讚許地說：「看得出來，你是個對科學充滿熱情的年輕人。」

這位青年點頭道：「是的，我熱愛科學！但我同時也喜歡文學、音樂與美術……」

法布爾笑了笑，從口袋中掏出一個放大鏡，說：「試著將你的精力集中到一個焦點上，就像這塊凸透鏡一樣！」

年輕人聽了，恍然大悟。

專注成就非凡

專注是邁向成功的重要因素。美國思想家愛默生（Ralph Waldo Emerson）曾說：「讓我步入失敗深淵的不是別人，而是我自己。我一生中最大的敵人也不是別人，而是我自己。我總希望自己能成就許多事業，結果卻一無所成。」雖然這句話帶有謙遜的意味，但我們可以從中得到啟示 —— 無論從事何種工作，都必須全神貫注，持之以恆。

《荀子．勸學》中寫道：「蚓無爪牙之利，筋骨之強，上食埃土，下飲黃泉，用心一也。蟹六跪而二螯，非蛇鱔之穴無可寄託者，用心躁也。」這段話的意思是，蚯蚓雖然沒有銳利的爪牙與強壯的筋骨，但牠能在土壤中穿行自如，因為牠用心專一。而螃蟹雖然擁有六隻腳和兩隻大螯，卻因為行動浮躁，沒有穩定的棲身之所。這正如俗語所說：「十個指頭按九個跳蚤，結果一個也按不住。」無論是哲學論述還是民間智慧，都告誡我們：做事不專心的人，難以有所成就；相反，若能將畢生的精力專注於某一領域，並堅持不懈，即便資質平凡，也能取得非凡成就。

以專注創造奇蹟

多年前，荷蘭有一名青年農夫，由於學歷不足，最終找到了一份在鎮公所擔任保全的工作。他在這個職位上工作了六十多年，從未更換過其他職務。

這名農夫並非天資卓越，也談不上愚鈍。他個性內向，不善交際，朋友寥寥無幾。或許是因為工作過於清閒，又或許是他不甘於平凡，於是，他開始對打磨鏡片產生興趣。一有空閒時間，他便專心雕琢那些耗時費力的鏡片，如此堅持了六十多年。他的技術日臻成熟，所磨製的複合鏡片放大倍率，甚至超越了當時的專業技師。

終於有一天，他透過自己精心打造的鏡片，發現了當時科學界尚未知曉的微生物世界。他的發現震驚全球，儘管只有國中學歷，卻破天荒地被選為巴黎科學院院士，甚至連英國女王也親自前往小鎮拜訪他。

這位創造奇蹟的農夫，就是舉世聞名的荷蘭科學家安東尼．范．雷文霍克（Antoni van Leeuwenhoek）。他的故事告訴我們，只要選準目標、找對方向，並堅持不懈，任何人都可能創造奇蹟。

「一萬小時法則」的啟示

成功學中有一個「一萬小時法則」，其核心觀點是：一個人若想成為某個領域的專家，至少需要投入一萬小時的刻意練習。若以每天八小時計算，至少需要五到十年的持續精進，無一例外。想要成為頂尖高手，先投入一萬小時再說。

有些人可能會疑惑：「我在某些領域已經投入了不只一萬小時，甚至兩萬小時，為何依然沒有成就？」這往往是因為他們學習的內容過於廣泛，導致難以專精。俗話說：「一招鮮，吃遍天。」在某個領域成為專家，遠比泛泛學習多個領域卻樣樣不精來得重要。

專精勝於博雜

明代文人陳繼儒在《小窗幽記》中曾寫道：「是技皆可成名天下，唯無技之人最苦；片技即是自立天下，唯多技之人最勞。」意思是說，任何一項專業技能都能讓人立足於世，而毫無技能的人則最為辛苦。擁有單一專精技藝的人，往往能夠自立自強，反觀那些技藝繁雜但不夠精通的人，反而要付出更多辛勞，卻難以獲得成就。這類人雖然樣樣都會，卻沒有一樣能達到專業水準，最終只能淪為普通勞力，而非真正的人才。

可見，成功並非來自廣泛的涉獵，而是源於對單一目標的長期專注與深耕。選定方向，全力以赴，終將收穫豐碩的果實。

高手不靠運氣，靠的是資源整合力

真正的成功者懂得利用身邊的每一個機會，化零為整，創造價值。

從無名小卒到企業高層

在美國的一個小鎮上，一位年邁的父親與他的三個兒子生活在一起。大兒子和二兒子已經搬到城市發展，只剩下小兒子留在家中照顧父親。一天，鄰居找上門，對老父親說：「我為你的小兒子找到了一份在大公司工作的機會，您讓他跟我走吧！」然而，老父親卻斷然拒絕，不願讓小兒子離開自己身邊。

鄰居不死心，進一步提議：「如果我給你的小兒子找一門好親事呢？」老父親仍然拒絕，直到鄰居補充：「如果他的未婚妻是某知名企業總裁的女兒呢？」這時，老父親終於開始考慮這個提議。

接著，鄰居來到那位企業總裁的家，提出讓他的女兒與這名青年相親。企業總裁不以為然，直接回絕。然而，當鄰居補充：「這位年輕人將成為跨國企業的副總裁。」企業總裁的態度立刻軟化，開始感興趣。

最後，鄰居找到跨國企業的董事長，建議任命這位年輕人為副總裁，並解釋：「這位年輕人是知名企業總裁的未來女婿。」董事長權衡利弊後，最終同意了這個任命。於是，這名原本默默無聞的年輕人，透過資源整合與策略安排，不僅成為企業高層，還成功迎娶了富商千金。

餐飲業的逆襲

在現實生活中，類似的案例比比皆是。例如，一位來自小城市的年輕創業者，在沒有資金、沒有市場影響力的情況下，利用創新的資源整合策略，成功打造了一家知名的連鎖餐飲品牌。

這位創業者原本只是一名普通的廚師，夢想開設自己的餐廳，但苦於資金短缺，無法負擔高昂的店租和裝潢費用。然而，他發現當地有許多舊商場和老式餐廳因租金負擔沉重而關閉，這些場地雖然閒置，但仍然具備完善的基礎設施。

於是，他開始尋找這些閒置店鋪的業主，提出「收益共享」的合作模式：他不支付固定租金，而是將營業收入的一部分與業主分享。這樣一來，業主可以避免場地閒置造成的損失，而創業者則免除了前期投入的巨大壓力。

多方合作，互利共贏

然而，沒有資金的問題仍未解決。他進一步整合資源，找到當地的食品供應商，提出「先銷售，後付款」的合作方式，讓供應商提供食材，等到餐廳營運後再支付貨款。由於這種模式對供應商而言是額外的銷售機會，許多供應商願意接受這樣的條件。

最後，他還找到了一些本地的年輕廚師，希望他們能夠加入，並提供收入分成模式，而不是固定薪資，這樣不僅降低了創業成本，也讓這些廚師有更高的動力與責任感。

透過這種創新的資源整合方式，他在短短一年內開設了數家分店，並吸引了投資人的關注，最終獲得資金支持，將品牌擴展到全國。

資源整合的關鍵要素

成功並不取決於你擁有多少資源，而在於你如何整合已有的資源。許多人認為缺乏資金或人脈是創業或成功的最大障礙，但事實上，很多資源其實是存在的，只是缺乏有效的整合方式。

成功的資源整合通常包括以下幾個要素：

1. **辨別機會**：了解市場需求與痛點，找到可利用的資源。
2. **建立合作**：與不同的利益相關者建立互惠互利的合作關係。

3. **創新模式**：利用非傳統的方法串聯不同資源，創造新的價值。
4. **靈活應對**：根據市場變化迅速調整策略，確保整合方案的可行性。

掌握整合能力，開創無限可能

不論是在職場、創業還是投資領域，資源整合能力都是極為關鍵的技能。許多成功的企業家之所以能夠脫穎而出，並非因為他們起步時擁有豐厚的資源，而是因為他們能夠發現並整合市場上的資源，使其發揮最大效益。

透過有效的整合策略，即使沒有大量資金或強大背景，也可以找到成功的道路。這正是資源整合的真正魅力 —— 當你能夠連接不同的需求與機會，你就能創造無限的可能。

巧用資源，決勝未來

有一年，某知名企業要招聘一名會計。面試當天，應試者雲集，經過嚴格的筆試篩選後，最後僅剩下三位表現優異的女大學生。面試主管給她們每人一件衣服和一個黑色公事包，並告知：「現在進入口試環節，你們必須在上午八點半之前穿著這件衣服前往總經理辦公室接受面試。我要提醒各位，每件衣服上都有一塊汙漬，而總經理特別注重整潔大方，你們身上的汙漬若被發現，將被淘汰。」

此時已經是早上八點十五分。A 同學立刻拿出紙巾擦拭衣服上的汙漬，卻發現越擦越髒，最後甚至將汙漬弄得更大，焦急之下她請求面試主管更換衣服，但主管遺憾地告知她：「很抱歉，你已經被淘汰了。」A 帶著失落的心情離開。

B 同學吸取了 A 的教訓，迅速跑進洗手間，試圖用水清洗汙漬。經過多次擦洗，汙漬總算消失了，但衣服正中央卻留下一大片溼漉漉的痕跡。時間已接近八點二十五分，她匆忙整理儀容，趕往總經理辦公室。當她抵達時，發現 C 同學也站在門口，衣服上的汙漬仍然明顯可見，這讓 B 感到放心，認為自己勝券在握。

然而，當面試結束後，總經理宣布：「勝出者是 C 同學。」B 感到驚訝與不服，總經理微笑著解釋：「如果我沒猜錯，你應該把黑色公事包遺留在洗手間了吧？看看 C 的公事包 —— 」B 回頭一看，發現 C 將公事包掛在胸前，恰好遮住了汙漬，既解決了問題，也保持了整潔的形象。B 心服口服地離開。

資源整合的重要性

二十一世紀最寶貴的是什麼？答案是資源。資源比資金更珍貴，卻常常被錯誤使用或忽視，就像 B 遺留在洗手間的公事包一樣。許多企業與個人都面臨相同的問題：被低估的關係網絡、被忽略的人才、被閒置的資金、未開發的商機、未充分利用的市場渠道……這些資源雖然隱藏在我們的日常環境中，但如果能夠加以整合，就能創造巨大的價值。

在商業營運中，企業主需要不斷思考資源最佳配置，例如：

- 應該擴大人力投資，還是引進自動化設備？
- 應該採購零件，還是自主生產？
- 應該自行組裝產品，還是選擇外包？
- 應該透過自有銷售管道建立品牌，還是交由經銷商銷售？

發掘自身的潛在資源

創業者往往面臨資源匱乏的困境，因為大部分資源掌握在少數企業手中。然而，真正聰明的人不會因此氣餒，而是會學習如何挖掘並運用自身的資源。

新加坡就是一個成功的案例。當年該國計畫發展觀光業時，旅遊局向總理李光耀報告，指出新加坡缺乏著名景點，既沒有富士山，也沒有金字塔。然而，李光耀在報告上批示：「你希望老天爺再多給我們多少東西？有陽光就足夠了！」於是，新加坡開始充分利用熱帶氣候，大量種植花草樹木，幾年內便打造出世界聞名的「花園城市」，每年吸引無數遊客，迅速帶動經濟發展，進而成為已開發國家。

與其抱怨資源不足，不如學會整合手邊可用的資源。無論是個人還是企業，都應該培養資源運用的智慧，發掘並善用自身優勢，如此才能在競爭激烈的環境中脫穎而出，創造更大的價值。

影響他人，從融入開始

許多年前，美國芝加哥一名年輕的社會工作者布魯斯·佩里（Bruce Perry）來到一個犯罪率極高的社區，試圖幫助當地青少年脫離黑幫文化。然而，他的努力最初並不順利，無論他多麼誠懇地談論教育與未來，當地的年輕人對他毫無興趣。

布魯斯後來發現，這些青少年並不認為他與他們屬於同一個世界。於是，他決定改變策略，不再只是以社會工作者的身分出現在社區，而是開始參加當地的籃球比賽，並且主動到他們經常出沒的地方聊天，甚至與他們一起用餐、參與活動。

幾個月後，這些青少年開始逐漸接納他，願意傾訴自己內心的困惑與掙扎。他們看到布魯斯每天都與他們待在一起，甚至穿著類似的球鞋、聽著相同的音樂，這才相信他不是來「說教」的，而是真心想幫助他們改變生活。最終，布魯斯幫助許多青少年擺脫黑幫生活，成功進入學校或就業市場。

這個案例告訴我們，當我們想影響他人時，不能只是站在自己的角度說話，而是要讓對方感受到你與他們是「同一路人」。正如知名心理學家卡爾・羅傑斯（Carl Rogers）所說：「當人們感受到被真正理解時，他們才會開始改變。」

「好人」與「壞人」的界線

我們從小被教育要遠離所謂的「壞人」，但事實上，人並不是絕對的好或壞，許多時候只是立場與價值觀的不同。

2015 年，芬蘭政府展開一項創新的反極端化計畫，專門針對想脫離極端組織的年輕人。許多曾加入激進組織的青少年，其實並不是天生的「壞人」，他們只是因為缺乏社會歸屬感，而被某些極端思想吸引。

芬蘭政府並未選擇嚴厲懲罰這些年輕人，而是派遣「前成員」與他們建立關係，幫助他們找到新的生活目標。結果顯示，透過這種「同理心策略」，許多年輕人成功擺脫極端主義，回歸正常生活。這證明了 —— 即使與我們理念不同的人，也可以透過理解與交流，找到共同點，進而改變彼此的立場。

如何做到「同流」

對企業管理者而言，內部管理的關鍵在於融入團隊，理解員工的需求與困難。例如，美國連鎖咖啡品牌「星巴克」的創辦人霍華德．舒茲 (Howard Schultz)，年輕時曾經歷過家庭貧困，因此他非常清楚基層員工的辛勞。

當他創立星巴克後，特別制定了「夥伴計畫」，讓全職與兼職員工都能享有健康保險與教育補助，甚至允許員工持有公司股票。這種做法讓星巴克的員工對公司充滿歸屬感，使品牌獲得強大的向心力，也成為全世界最受歡迎的咖啡連鎖店之一。

Acer 的全球布局策略

對外經營時，若企業主過於自視清高，只會限制自身發展。宏碁 (Acer) 創辦人施振榮便深知其中道理。1980 年代末期，當宏碁決定走向國際時，面對的是國外市場對亞洲品牌的不信任與陌生感。施振榮意識到，要讓品牌在國際市場立足，光靠產品力是不夠的，還必須真正理解並融入當地文化。

因此，宏碁採取「在地經營、全球思維」的策略，不但成立區域總部，還大力聘用當地人才，讓宏碁在各地的營運能夠貼近市場脈動。此外，他也在品牌策略上進行調整，避免讓「臺灣製造」淪為價格取向的代名詞，而是強調創新、品質與服務，塑造國際品牌形象。

這套策略使宏碁在歐洲與北美市場逐步打開知名度，並成功進入全球前幾大的個人電腦品牌行列。這個例子顯示，所謂「同流」並不意味著盲目迎合，而是透過理解與尊重當地文化，找到最佳的合作與溝通方式，進而實現品牌的國際化與永續經營。

交心，是影響力的關鍵

如果「同流」是整合資源的前提，那麼「交心」才是建立長遠關係的關鍵。這讓人想起微軟創辦人比爾蓋茲（Bill Gates）與巴菲特（Warren Buffett）的友誼。

1980 年代，比爾蓋茲初次與巴菲特見面時，原本並不太感興趣，因為他認為巴菲特只是一位投資人，與科技業毫無關聯。然而，在深入對話後，他發現巴菲特對科技發展非常關心，而巴菲特則驚訝於比爾蓋茲的商業頭腦。

兩人因為彼此的理解，逐漸建立起深厚的友誼，最終甚至共同成立「比爾與梅琳達．蓋茲基金會」，致力於全球公共衛生與貧困問題。這顯示了 —— 真正的合作關係，來自於彼此的信任與交心，而不是單純的利益交換。

感情投資，最有價值的投資

2012 年，郭台銘與日本夏普公司進行談判，希望投資夏普。但當時夏普的財務狀況不佳，談判過程一度陷入僵局。

郭台銘採取了一個出人意料的做法 —— 他親自前往夏普的工廠，與基層員工交談，並公開表示：「我不只是要投資夏普，而是要幫助它恢復榮耀。」這番話不僅感動了夏普的高層，也讓日本媒體對他產生正面印象，最終促成了合作案。

這再次證明，在商業與人際關係中，感情投資往往是最有價值的投資。當你願意站在對方的立場思考，對方自然會回報以信任與支持。

先交心，再整合

影響他人、整合資源，關鍵在於讓對方覺得你是自己人，並在此基礎上建立真正的信任與連結。當我們懂得「同流」的智慧，並學會「交心」，便能在事業與人生中，開創更廣闊的天地。

善借者勝，獨行者累

借勢者強，借力者勝，用別人的力量成就自己。

在通往成功的道路上，許多人深信「沒有捷徑」，但我們不禁會疑問：為何有些人看似輕鬆，卻能迅速登上高位，甚至影響深遠？關鍵在於「借勢」—— 也就是善用外部有利條件，加速自身的發展。

借勢的智慧與應用

「勢」簡單來說，就是外部的各種優勢或強大力量。早在《勸學》中，荀子便強調：「登高而招，臂非加長也，而見者遠；順風而呼，聲非加疾也，而聞者彰。」意思是說，站得高才能被更多人看見，順風而呼聲音才能傳得更遠。這就是借勢的核心：透過外在條件來放大自身的影響力。

歷史上，許多成功者都精於借勢。例如，在《三國演義》中，諸葛亮善於借用各種資源，不僅借荊州來擴展勢力，還能運用「草船借箭」的智慧來達成軍事目標，甚至掌握天時地利，如借風、借火來改變戰局。此外，在世界商業史上，許多企業家也憑藉借勢策略取得非凡成就。

借勢的現代案例

在現代商業世界，借勢的案例更是不勝枚舉。以蘋果公司（Apple）為例，史蒂夫・賈伯斯（Steve Jobs）在推出 iPhone 時，不僅利用蘋果本身的品牌影響力，還與全球電信公司合作，確保 iPhone 能夠迅速進入市場，並藉由生態系統的整合提升用戶黏著度。這樣的策略讓 iPhone 在短時間內成為市場主流，改變了手機產業的競爭格局。

另一個值得借鑒的案例是特斯拉（Tesla）。在電動車市場尚未成熟之際，伊隆・馬斯克（Elon Musk）不僅借助政府對新能源的政策補助，還與各大供應鏈建立合作關係，使特斯拉能夠迅速擴展產能，並進一步影響全球汽車產業。

借勢的高階策略

真正的借勢高手，不僅懂得借助名人效應，更懂得借品牌、借資本、借市場，甚至借政策。例如，許多新創公司會透過風險投資（Venture Capital）來獲得資金支持，或者與科技巨頭合作，借助對方的技術或用戶基礎來快速成長。這種策略，使許多企業能夠在短時間內獲得市場認可，進一步擴大自身影響力。

善用資源，創造成功

成功並非完全依賴個人能力，而是善於整合資源、借力使力。無論是在歷史還是現代社會，那些真正站上巔峰的人，無一不是善於借勢的高手。因此，在面對競爭激烈的環境時，我們應該思考如何善用可利用的資源，讓自身的發展事半功倍。

創業者的智慧策略

半年前，我偶然遇到一位多年未見的老同事，寒暄之際，我問他近來的發展如何。他略帶靦腆地說：「創業。」當我進一步詢問他的創業方向時，他有些不好意思地回答：「做直銷。」出於禮貌，我接受他的邀請，參加了一場分享會。演講者滔滔不絕地闡述創業的理念，而我只記住了一句話：「就業是為別人的事業努力，創業才是成就自己的事業。」這句話讓我陷入了深思。

創業的現實挑戰

的確，對於每個不甘平庸的人來說，創業是一條值得追求的道路。然而，創業需要諸多條件，其中最具挑戰性的莫過於資金問題。俗話說：「手中有糧，心中不慌。」創業亦然——沒有足夠的資本，就難以啟動商業計畫。這讓我想到一個問題：如果沒有自己的船，我們該如何出海？最直接的答案是——借一條船。畢竟，如果等到自己有能力造船時，海裡的魚可能已經被競爭對手捕撈殆盡了。

張榮發的長榮起航之路

在國際商業史上，許多成功企業家都是透過「借船出海」的方式突破困境。臺灣知名企業家張榮發，便是此策略的代表人物之一。他在 1968 年創辦長榮海運時，正值全球海運產業競爭激烈、資本門檻高企。當時的張榮發並無龐大資金背景，也無現成船隊，卻憑藉一套靈活的資源整合策略，成功踏出第一步。

創業初期，他並未急於購船，而是選擇向外國航運公司租船，以降低進入門檻，並藉由穩定的航線與高效率的營運，逐步建立信譽。透過與出口貿易公司、國際貨主簽訂長期運輸契約，他將未來穩定收入作為籌碼，進一步取得銀行與投資者的信任。這種「先有訂單、再整資源」的做法，正是典型的「借船出海」。

在長榮逐漸站穩腳步後，張榮發更領先亞洲同業導入全貨櫃化運輸（containerization）概念，並購建自有船隊，大幅提升運輸效率與國際競爭力，最終讓長榮成為全球排名前列的航運企業。

張榮發的故事證明，「借船出海」並非權宜之計，而是一種靈活而深具戰略眼光的經營模式。透過資源整合與信任建立，即使資金有限，也能在全球市場中乘風破浪，創造出屬於自己的航道。

這個案例完美詮釋了「借船出海」的智慧——當創業者擁有市場機會與核心能力，卻因資金或資源短缺而舉步維艱時，可以尋求合作夥伴，以互利共贏的方式來彌補不足，迅速推動事業發展。

借船出海的應用策略

「借船出海」不僅適用於海運產業，在當代商業環境中，同樣是一種行之有效的策略。許多知名企業都是透過借力策略快速崛起，例如：

1. **借資金**：許多新創公司透過風險投資（Venture Capital, VC）籌集資金，加速產品開發與市場擴張。例如，Facebook 早期便透過矽谷風投的資金支持，迅速擴展用戶群，最終成為社交媒體巨頭。
2. **借品牌**：與成熟品牌合作，能夠迅速提高市場信任度。例如，Nike 在成長階段，透過與頂尖運動員合作，借助他們的影響力提升品牌形象，從而穩固市場地位。
3. **借市場**：新創企業可以透過與大型平臺合作，迅速進入市場。例如，許多科技新創公司選擇在 Amazon、Google Play 或 App Store 平臺上發表產品，藉此獲得大量用戶與市場曝光機會。
4. **借技術**：許多企業透過授權技術或策略合作來縮短研發時間。例如，Tesla 在初期透過與松下（Panasonic）合作取得電池技術支援，成功提升電動車的續航能力與市場競爭力。

互利共贏是成功的關鍵

然而，成功借勢的關鍵在於合作夥伴是否願意提供支持。換言之，沒有人會無償借出資源，除非這樣做能為他們帶來實質利益。因此，在尋求資源時，創業者必須思考：自己的專業能力、創新產品或市場機會，能為合作夥伴帶來哪些價值？只有在雙方互利的基礎上，「借船出海」才能真正發揮作用。

善用資源，開創未來

創業是一條充滿挑戰的道路，資金、技術、市場等條件缺一不可。然而，真正的創業者不會因為資源有限而裹足不前，而是會善用「借勢」策略，透過與他人合作，加速成長。從丹尼爾·洛維格到當今的企業巨擘，成功者無不懂得借力使力，讓自己的船航向更廣闊的藍海。因此，無論是正在創業，或是考慮創業的你，都應該思考：你的「船」在哪裡？你能向誰「借船出海」？這或許將是決定你能否快速成功的關鍵。

借力使力，特斯拉的逆襲與電動車革命

談到「借力使力」，我們往往會想到武俠小說中的高深武功，如「乾坤大挪移」或「以彼之道，還施其身」。然而，這種策略並不僅存在於武俠世界，在當代商業競爭中，成功企業往往能夠巧妙地借力，以最小的資源達成最大的成就。特斯拉

(Tesla) 便是一個 21 世紀「借力使力」的典範，透過借助技術、資本與市場資源，成功改變了全球汽車產業。

特斯拉的挑戰：電動車市場的破局

2003 年，特斯拉成立時，全球汽車市場仍然由傳統燃油車巨頭主導。當時，電動車技術尚未成熟，充電基礎設施不足，且市場對電動車的接受度極低。許多汽車業界專家甚至認為，電動車只是「短暫的潮流」，難以取代燃油車。

然而，特斯拉創辦人伊隆．馬斯克 (Elon Musk) 並未被這些挑戰嚇倒。他的目標是讓電動車成為市場主流，但特斯拉面臨三大難題：

1. **技術門檻高**：電池技術不成熟，續航力與充電時間都難以與燃油車競爭。
2. **資金短缺**：新創公司要挑戰百年車廠，開發成本極高，資金壓力巨大。
3. **市場信任度低**：消費者對電動車缺乏信心，市場接受度極低。

在這種情況下，特斯拉並未選擇「單打獨鬥」，而是靈活運用「借力使力」策略，逐步突破市場障礙。

借技術：聯手松下突破電池瓶頸

電動車的關鍵在於電池技術，然而，當時的鋰電池技術尚未成熟，且成本極高。特斯拉選擇與日本電子巨頭松下（Panasonic）合作，共同開發高效能電池。這不僅幫助特斯拉解決電池續航問題，還讓特斯拉能夠以更低的成本生產電動車，進而提升市場競爭力。這種策略不僅讓特斯拉避免了從零開始研發的高昂成本，也確保了技術的穩定性與供應鏈的可靠性。

借資金：透過政府補助與戰略投資加速發展

創業初期，特斯拉的資金非常有限，研發與生產成本極高。為了解決資金問題，特斯拉透過多種方式借助外部資源：

1. **政府補助**：特斯拉積極利用美國政府推動新能源政策的機會，獲得近 5 億美元的低利貸款，用於開發 Model S 與超級充電站（Supercharger）網絡。
2. **戰略投資**：特斯拉吸引了如豐田（Toyota）與戴姆勒（Daimler，賓士母公司）的投資，這些汽車巨頭不僅提供資金，也帶來寶貴的汽車製造經驗。
3. **群眾募資與預售模式**：特斯拉打破傳統汽車銷售模式，採用「預購 + 訂單生產」，在新車上市前先獲得大量消費者訂單，確保現金流穩定。這一策略讓特斯拉在資金有限的情況下，仍能快速擴展業務。

借市場：從高階市場切入，建立品牌影響力

特斯拉初期並未直接進攻大眾市場，而是選擇從高階市場入手，打造頂級電動跑車 Tesla Roadster，以吸引富裕且願意嘗試新科技的消費者。這種策略讓特斯拉獲得早期市場認可，並逐步建立品牌影響力。之後，特斯拉陸續推出 Model S、Model X，再到 Model 3，逐步進入中價位市場，最終打開大眾市場的大門。這一策略與當年豐田推出凌志（Lexus）時的市場路徑極為相似，都是先建立高級品牌形象，再逐步拓展市場規模。

特斯拉的逆襲：如何改變全球汽車產業

透過「借技術、借資金、借市場」，特斯拉不僅成功突破電動車市場的瓶頸，還徹底改變了全球汽車產業的競爭格局：

2012 年，Model S 正式上市，獲得市場高度評價，被譽為「史上最佳電動車」。

2017 年，Model 3 開始交付，迅速成為全球最暢銷電動車。

2020 年，特斯拉市值超越豐田，成為全球市值最高的汽車公司。

2023 年，特斯拉年銷量突破 180 萬輛，成為全球電動車領導品牌。

如今，特斯拉的影響力已經超越電動車市場，傳統汽車品牌如 BMW、賓士、福特與豐田等，都紛紛投入電動車研發。特斯拉成功運用「借力使力」策略，從一家資金不足的初創公司，一躍成為全球汽車產業的主導者。

借力使力，讓創業更有效率

特斯拉的成功證明了「借力使力」的重要性。在現代商業世界，單靠自身資源難以迅速崛起，真正的創業家懂得如何運用外部資源來縮短發展時間、降低風險，並迅速擴張市場。例如：

1. **借技術**：透過技術合作，加快產品研發，如特斯拉與松下的合作。
2. **借資金**：利用政府補助、企業投資與預購模式來確保資金流，如特斯拉獲得政府貸款與企業投資。
3. **借市場**：選擇合適的市場切入點，逐步擴展影響力，如特斯拉先從高階市場切入，再進軍大眾市場。

在競爭激烈的市場環境中，企業若能善用「借力使力」策略，將能以更小的資源，創造更大的成就。正如特斯拉的崛起所示，借勢而行，才能在市場變革中立於不敗之地。

市場競爭的終極法則

看透市場規律，掌握先機：人棄我取的致富之道。

在《史記・貨殖列傳》中，有句名言：「人棄我取，人取我與」，這句話蘊含著深刻的市場運行原則與投資智慧。這一理念最早可以追溯到戰國時期的經濟思想，並透過不同歷史人物的實踐，演變成今日市場運行的基本法則。

李悝與「平糴法」：穩定市場的先驅

戰國時期，魏國宰相李悝推行了一系列經濟改革，其中「平糴法」尤為關鍵。這項政策的核心理念在於政府在糧食豐收時，以合理價格收購糧食，等到荒年再以相同價格賣出，以維持市場穩定，避免農民因糧價劇烈波動而受損，也確保社會整體的經濟安全。

白圭的經商之道：趨勢中的機遇

白圭受「平糴法」啟發，發展出自己的投資策略，即「人棄我取，人取我與」。他精於掌握市場週期，當糧價低廉時大量收購，等到市場供應緊縮時再出售，以獲取最大利潤。這種做法類似於現代投資中的逆向操作，即在市場低迷時布局，待行情回暖後收割收益。

范蠡與「十二循環說」：市場週期的運用

然而，也有人認為白圭的策略來源於更早的計然「十二循環說」。計然提出，農業豐收與天候變化具有週期性，每十二年為一個循環，當豐收年結束後，往往伴隨著乾旱或洪澇，進而影響糧價波動。范蠡正是運用這一理論，在豐年大量囤糧，在荒年高價出售，從而累積大量財富。此外，他亦精於「反向操作」，在市場普遍需求降低時進行生產，當需求回升時獲取最大收益。這與現代市場中的「供需調節」理論不謀而合。

「逆向操作」的市場價值

這些歷史案例揭示了一個關鍵概念——市場的週期性與逆向操作的價值。在現代投資領域，這種策略被廣泛應用於股票、房地產、期貨等市場。例如，當市場悲觀時，聰明的投資者會選擇進場，而當市場過度樂觀時，他們則傾向於獲利了結。這種做法的核心在於耐心與遠見，能夠在他人恐慌時保持冷靜，在市場狂熱時保持理性。

投資的核心邏輯：相反理論

著名投資人曾說：「瘦田無人耕，耕開有人爭。」這句話形象地說明了價值投資的本質——當某個資產被市場忽視或低估時，正是進場的好時機；而當市場過度關注甚至瘋狂追逐某項資產時，風險反而增加。這一概念與「相反理論」相呼應，投資者應該在市場悲觀時勇敢買入，在市場亢奮時審慎退出。

市場短視與投資迷思

然而，現代市場環境中，許多投資人過於追求短期收益，導致市場極端波動。股市尤其如此，投機者往往盲目跟風，結果往往是「追高殺低」，最終蒙受損失。這正應驗了一句投資箴言：「如果你總是跟在別人的腳步之後，那麼你注定要為別人的成功買單。」

如何應對市場波動？

投資並非單純的「逆勢而行」，而是需要結合市場趨勢與週期，做出適時的判斷。市場上的「強勢股」與「弱勢股」，往往是資本大戶操控的結果。如果無法洞察市場背後的運行邏輯，只是盲目追隨所謂的「熱門股」，最終結果大多是不盡人意。

市場智慧與理性投資

「人棄我取，人取我與」的原則並不只是歷史上的經商之道，而是至今仍適用於各類市場。無論是股市、房地產，還是其他投資領域，都需要具備冷靜的判斷力、耐心等待時機，並以長遠的視角看待市場變化。投資的關鍵不僅僅是選擇何時進場與退場，更在於如何掌握市場規律，做出最符合自身利益的決策。

投資智慧，洞察市場趨勢的關鍵

在投資領域，有一句廣為流傳的話：「當所有人都衝進去的時候趕緊出來，所有人都不玩了再衝進去。」這句話的核心理念即是「逆向思維」，許多成功的企業家與投資者都以此為準則，透過深刻洞察市場規律，在正確的時機進退，從而實現長遠的財富增值。

華倫·巴菲特的逆向投資

全球最具影響力的投資人之一，華倫·巴菲特（Warren Buffett），便是「人棄我取」投資策略的典範。他的投資哲學建立在「價值投資」的基礎上，強調在市場低迷、眾人恐慌時買入具備長期價值的資產，並在市場過度狂熱、資產價格被高估時賣出。

例如，2008 年全球金融危機爆發後，市場陷入恐慌，眾多投資者拋售股票以求自保，導致股價大幅下跌。然而，巴菲特卻選擇在這個時機進場。他在《紐約時報》發表文章，公開表示：「當別人恐懼時，我貪婪。」他在這段時期投入大量資金購買美國大型企業的股票，包括高盛（Goldman Sachs）和美國銀行（Bank of America）。幾年後，隨著經濟復甦，這些企業的股票價格大幅回升，為巴菲特帶來豐厚的回報。

科技巨頭的市場洞察

除了金融市場外，科技產業也是「逆向投資」策略的重要應用領域。蘋果公司（Apple）和特斯拉（Tesla）在發展初期，都曾經歷市場的高度質疑。

一、蘋果的復甦之路

1990 年代末，蘋果公司瀕臨破產，市場對其未來充滿悲觀情緒。然而，當時的蘋果聯合創辦人史蒂夫．賈伯斯（Steve Jobs）選擇重返公司，並大膽進行產品轉型，推出 iMac、iPod 等創新產品。當市場對蘋果不抱期待時，賈伯斯選擇在最困難的時刻加碼投入技術研發，最終開創了智慧型手機革命，使蘋果成為全球最具價值的企業之一。

二、特斯拉的電動車革命

2008 年，特斯拉 (Tesla) 面臨嚴重的資金短缺，市場普遍不看好電動車的未來，許多傳統汽車公司也質疑其商業模式。然而，創辦人伊隆．馬斯克 (Elon Musk) 堅持發展電動車技術，並在市場低迷時持續擴大產能與技術創新。最終，隨著全球對環保與新能源的需求上升，特斯拉的市值從不被看好變成全球汽車產業的領導者之一。

市場規律！盛極必衰，物極必反

市場運作的核心規律之一便是「盛極必衰，物極必反」。當某項產業或資產價格過度上升時，市場往往會出現修正；相反地，當某項產業處於低谷時，往往蘊藏著巨大的機會。然而，大多數投資人因恐懼而在市場下跌時拋售，或因貪婪而在市場高峰時進場，導致虧損。因此，成功的投資人必須具備冷靜的判斷力，能夠在市場恐慌時果斷出手，並在市場狂熱時適時退場。

如何掌握市場節奏？

「人棄我取，人取我與」的投資原則不僅適用於金融市場，也適用於創業、企業經營與資產管理。無論是巴菲特的價值投資、蘋果與特斯拉的市場判斷，還是其他領域的成功案例，都顯示出市場運行的週期性與投資決策的關鍵。投資人應該培養逆向思維，關注市場趨勢，避免盲目跟風，才能真正掌握市場的主動權，在正確的時間點做出明智的決策，實現長期穩健的財富增值。

投資與決策中的「羊群效應」

在投資市場與職場競爭中，「羊群效應」是一種常見現象，指的是當人們看到某種趨勢時，便不加思索地跟隨，導致市場過熱或錯誤決策。這一現象不僅發生在金融市場，也廣泛存在於創業、求職乃至日常生活中。然而，真正的成功者，往往是那些能夠保持獨立思考、逆向操作的人。

喬治．索羅斯的「反身性理論」

如果說巴菲特代表的是「價值投資」，那麼喬治．索羅斯（George Soros）則是「市場投機」的代表人物。他以「反身性理論」（Reflexivity）聞名於世，認為市場價格與投資者心理之間存在相互影響，市場往往會因集體情緒而偏離基本面，形成泡沫或恐慌，從而創造獲利機會。

最經典的案例便是 1992 年「英鎊狙擊戰」。當時，英國政府堅持維持英鎊匯率，使其與歐洲貨幣機制（ERM）掛鉤。然而，索羅斯透過市場分析判斷，英國經濟狀況並不足以支撐這一匯率政策，並認為英國最終將被迫讓英鎊貶值。他並未盲從市場主流看法，而是在市場尚未反應時，提前大舉放空英鎊。

當英國政府最終無力支撐英鎊匯率，被迫讓其自由浮動時，英鎊果然大幅貶值，索羅斯因此獲利超過 10 億美元，這一事件也使他贏得「擊垮英格蘭銀行的人」的稱號。這個案例清楚地展現了索羅斯如何避開羊群效應，運用理性分析發掘市場機會，最終獲得巨大成功。

科技企業的市場洞察

除了金融市場，科技產業也是羊群效應頻繁出現的領域。許多公司因為看到某種技術熱潮便一窩蜂投入，卻忽略了市場的真正需求，導致最後失敗。

一、亞馬遜的電商戰略

1990 年代末，網際網路泡沫讓許多企業爭相進入電子商務市場，希望能從中分一杯羹。然而，當泡沫破滅後，大多數公司倒閉，市場一片蕭條。然而，傑夫·貝佐斯（Jeff Bezos）並未因此放棄亞馬遜（Amazon）的電商發展，而是選擇在低潮時期持續投入基礎設施，發展物流和雲端運算。最終，當市場回暖時，亞馬遜已經建立了強大的競爭優勢，成為全球最大的電商巨頭之一。

二、台積電的關鍵布局

2008 年全球金融風暴席捲而來，眾多企業選擇緊縮開支、減少投資，以降低風險。然而，台積電並未隨波逐流，反而選擇逆勢而行。當時由張忠謀領導的台積電深信，科技產業的長期成長趨勢並未改變，尤其是高階製程將成為未來市場的關鍵驅動力。即便外界一片保守聲浪，台積電仍堅持投入鉅資擴充資本支出，積極進行 12 吋晶圓廠的擴建與先進製程研發。

這一策略在當時被不少人視為冒進，但事後證明，這項決策是台積電能在競爭激烈的半導體市場中領先群倫的關鍵轉捩點。當全球景氣回溫、智慧型手機與高效能運算需求快速上升時，台積電早已具備充足產能與技術優勢，成功搶下蘋果、高通等國際企業的訂單，市占率迅速提升。

這段歷史顯示，真正的產業領導者，並不只是順勢而為，而是能在逆境中堅守遠見，提前布局關鍵資源。台積電在金融危機中的擴廠行動，正是一種「危中見機」的經營智慧，也成就了今日全球晶圓代工的霸主地位。

子貢的智慧，避免盲目跟風

回到歷史，孔子的學生子貢也是一位具備卓越市場洞察力的商人。他在決策時不僅依賴市場消息，更運用理性分析來判斷真實情況，避免盲目跟隨他人。

有一次，他與其他商人一起前往燕國做木材生意，途中聽聞戰爭導致山林焚毀，同行商人因此決定放棄交易。然而，子貢仔細分析後認為這可能是錯誤消息，因為燕國軍隊不太可能主動焚燒自己的防禦資源。他選擇親自前往調查，結果發現市場仍然穩定，於是大量購入木材，最終獲得巨大利潤。這種不輕信輿論、敢於獨立判斷的精神，使他在商業上屢屢成功。

如何避免羊群效應的策略？

1. **保持獨立思考**：盲從市場趨勢往往會導致錯誤決策，因此在投資或創業時，應該建立自己的分析框架，而非單純跟隨大眾。
2. **反向操作**：當市場過於樂觀時，應該審慎評估風險；當市場過於悲觀時，則應該尋找潛在機會。
3. **深入研究市場數據**：許多投資失敗的原因在於缺乏充分的市場研究。成功的投資者應該學會透過數據分析，判斷市場的真實狀況，而非僅依賴市場輿論。
4. **設定長期策略**：市場風向變化迅速，短期內可能會有極端波動。然而，成功的企業家與投資者往往會設定長期目標，而不是因為一時的市場情緒而改變方向。

智慧決策勝於盲目跟風

無論是在投資市場還是職場發展中，羊群效應往往會導致錯誤決策，甚至帶來重大損失。真正的成功者，往往是那些能夠保持獨立思考、逆向操作的人。他們能夠在市場恐慌時看到機會，在市場狂熱時保持冷靜，從而實現長期穩健的成長。透過歷史與現代案例的啟發，我們可以學習到，擁有分析能力和市場洞察力，才能真正掌握成功的主導權。

機會與危機的兩面性

機會不是等來的，而是經營來的，機會無處不在，只有聰明人能看見。

機遇與準備是成功的關鍵

小志是一名剛畢業的年輕人，總愛抱怨自己「命不好」。他說自己為什麼總遇不到貴人，為什麼別人可以一畢業就進大公司、創業就成功、甚至遇見理想的伴侶，而他卻什麼都沒有。

有一天，他的朋友安排他去參加一場產業交流會，現場聚集了許多企業主與創業投資人。小志卻穿著拖鞋、沒準備履歷，連自己想做什麼都說不清楚，最後只能坐在角落滑手機，錯失與業界前輩對話的機會。

後來，另一位朋友想找人一起創業，找上小志討論合作，但小志一聽要自己投錢、寫計畫、還要熬夜研究市場，立刻打退堂鼓，說：「要那麼辛苦才有可能成功喔？那我還是等機會好了。」

再後來，他在公園遇見一位個性合得來的女孩，兩人聊得很開心，但當女孩問起他的人生目標與規劃時，他支支吾吾、毫無方向，最後對方只留下一句「祝你早日找到自己」，就離開了。

這一連串的經歷讓小志終於明白，問題不是他遇不到機會，而是每當機會出現時，他從來沒準備好去接住。沒有準備的人，即使站在幸運的門前，也無法敲響成功的大門。

這個故事告訴我們，幸運不是從天而降的奇蹟，而是留給願意付出準備與努力的人。當你準備好了，機會才會變成改變人生的轉捩點。

機遇是留給有準備的人

機遇如同洪水中的浮木，能否抓住它取決於個人的準備程度。在人生的洪流中，機遇並不會專屬於某個人，唯有具備能力的人才能把握住它。這正如古語所說：「機不可失，時不再來。」當機遇降臨，只有那些已經做足準備的人才能將其轉化為成功。

具備充分準備的人，猶如埋藏於土壤中的種子，在黑暗中積蓄能量，只待春風吹拂，便能破土而出，成長為參天大樹。這說明，成功者往往在機遇來臨前，已經投入大量的努力與時間進行準備，才能在關鍵時刻迅速抓住機會，脫穎而出。

東風與準備

古人有言：「萬事俱備，只欠東風。」其中的「東風」指的正是機遇。然而，並非所有準備充分的人都能等到東風，但只有具備準備的人，當東風來臨時才有能力把握。換句話說，若未曾做好準備，即使機遇出現在眼前，也可能錯失良機。機遇不會為無準備者停留，而是會迅速轉向那些已經準備好迎接它的人。

勇氣、行動與實力

要成為真正有準備的人，必須具備三大要素：

1. **心理準備**：當機遇來臨時，缺乏勇氣的人可能會因為猶豫與恐懼而錯失良機。很多人並非沒有機遇，而是因為害怕挑戰，選擇了退縮。因此，心理上的強大與果敢是把握機會的第一步。
2. **行動上的準備**：在競爭激烈的社會中，許多人為了獲取機會，不惜全力以赴。在這種情境下，僅僅擁有心理準備並不足夠，關鍵還在於是否能夠採取具體行動，積極爭取機會。

3. **實力的累積**：俗話說：「機會總是留給有準備的人。」這並非空談，而是因為真正的機遇往往垂青於具備實力者。透過持續的學習、努力與累積，個人才有能力在關鍵時刻脫穎而出。

創造機會，從王永慶的成功開始

歷史上不乏因機遇而崛起的人物，王永慶便是其中的典範。他的成功不僅來自於抓住機遇，更是因為他在機遇到來之前，已經做好了充分的準備，並且善於創造機遇。

王永慶出身於貧寒農家，家境困難，早年連學費都難以負擔。然而，他並未因此氣餒，反而憑藉超乎常人的毅力與勤奮，在日常生活中尋找每一個可能的機會。他的創業故事，便是一個典型的「創造機遇」的案例。

年輕時，他以借來的200元臺幣開始了米店生意。當時的米店經營模式大多依賴顧客自行上門購買，而王永慶卻敏銳地察覺到，大多數顧客都是家庭主婦，她們可能不方便頻繁外出購米。於是，他主動上門推銷，提供送貨到府的服務，甚至記錄每位顧客的購買習慣與需求，確保他們的米缸永遠不會見底。這種貼心的服務，使得他的米店在競爭激烈的市場中脫穎而出，生意越做越大。

然而，真正讓王永慶成為臺灣企業巨擘的，是他對機遇的創造與把握。在進軍塑膠產業時，他原本對這個領域並無專業背景，但他憑藉對市場的敏銳洞察，認為塑膠將成為未來的關鍵產業。他四處拜訪專家、研究技術，甚至親自學習機械操作，確保自己在機會來臨時能夠迅速應對。當時，臺灣的塑膠工業尚未發展完善，原料供應不穩，許多企業因為原料短缺而舉步維艱。但王永慶並未因此卻步，反而積極尋求解決方案，甚至遠赴國外洽談合作，確保穩定的供應鏈。最終，他憑藉卓越的經營理念與不懈的努力，將台塑集團發展成全球知名的企業。

王永慶的故事說明了一個重要的道理：機遇不是單純等來的，而是需要主動創造的。他不僅在機遇來臨時做好了萬全準備，更憑藉遠見與行動力，將微小的機會轉化為改變命運的契機。他的成功不僅來自於抓住了機遇，更來自於他讓機遇找上門的能力。

機遇屬於努力者

機遇是有限的，能否把握機遇，取決於個人的準備與行動。那些成功的人，並非單純依靠運氣，而是因為他們提前做足了準備，並勇敢地迎接挑戰。等待機遇是一種被動的選擇，而主動創造機會，則是成功的真正關鍵。

因此，與其抱怨機遇不公平，不如問問自己是否已經具備了迎接機遇的能力。機遇總是與努力同行，當你準備充分，機遇自然會降臨在你的身上。

掌握機遇，成功的關鍵

在歷史與現實生活中，成功往往與機遇緊密相連。然而，機遇並非僅靠運氣，而是需要識別與經營。元代劇作家金仁傑曾寫道：「身似青山氣似雲，也曾富貴也曾貧。時運未來君休笑，太公也作釣魚人。」這句詩詞表面上表達了時運對人的影響，但事實上卻忽略了一個關鍵點 —— 機遇並非憑空降臨，而是可以主動創造的。

識別機遇的重要性

姜子牙的故事便是一個典型案例。他並非單純等待時運，而是在得知周文王廣求賢士後，選擇離開殷商，前往渭水之濱垂釣。他的釣竿並非為了魚，而是為了「王與侯」，以此吸引周文王的注意。這表明，機遇並非憑空而來，而是來自於對環境的觀察與分析。

在科學史上，也有類似的例子。艾薩克・牛頓（Isaac Newton）因為蘋果落地而思考萬有引力的概念，但如果同樣的蘋果掉落在一個普通人頭上，可能只會換來一頓抱怨，而非科學突破。因此，關鍵不在於機遇本身，而在於是否能夠識別並加以利用。

機遇無所不在，關鍵在於如何經營

機遇並非少數人的專利，而是無處不在的現象。投資市場便是最好的例子。在經濟動盪時，部分投資人可能會因恐慌而錯失良機，但另一些人卻能透過市場波動獲得巨大收益。例如，國際金融巨擘羅斯柴爾德家族便是成功經營機遇的典範。

1815 年 6 月 18 日，拿破崙與英國聯軍在滑鐵盧戰役中激戰。當戰局逆轉、拿破崙敗退時，羅斯柴爾德的情報網迅速將消息傳回倫敦。羅斯柴爾德並未直接宣稱英軍獲勝，而是先行拋售英國公債，製造市場恐慌，讓其他投資人誤以為英軍戰敗，紛紛跟著拋售。當公債價格跌至谷底時，他再大舉買入，當三天後英軍勝利的消息傳開，公債價格暴漲，他也因此成為英國政府的最大債權人，牢牢掌握了英國的金融命脈。

這個案例說明了兩點：首先，資訊的掌握決定了機遇的先機；其次，機遇並非單純等待，而是需要精心策劃與執行。

提早學會經營機遇

許多人抱怨自己時運不濟，卻未曾思考自己是否善於發掘與經營機遇。雖然環境、社會與人際關係的確會影響個人的發展，但更重要的是，我們能否主動尋找並運用機遇。

比爾蓋茲（Bill Gates）與馬克．祖克柏（Mark Zuckerberg）之所以能創辦微軟與臉書，並非僅因為技術能力，而是因為他們在適當的時機抓住了科技產業的變革契機。這些成功者的共同點在於，他們能夠看到未來的趨勢，並且主動行動，而非等待機遇從天而降。

行動勝於等待

成功者的關鍵在於識別與經營機遇，而非僅僅等待機會來臨。正如姜子牙的垂釣、牛頓的發現、羅斯柴爾德的投資決策，這些例子都說明了主動與精準判斷的重要性。與其抱怨時運不濟，不如學會如何發掘、識別並經營機遇，讓自己站在成功的門檻之上。

在歷史與商業競爭中，「危機即機遇」的道理屢見不鮮。許多成功者之所以能夠脫穎而出，正是因為他們在困境中找到了轉機，並果敢地採取行動，化危機為成功的跳板。

危機的先機，臨安大火中的機遇

南宋時期，《夷堅志》記載了一則發生於紹興十年的臨安大火。這場大火發生在炎熱乾燥的七月，伴隨風勢迅猛蔓延，吞噬了無數房屋與商鋪，讓城內居民損失慘重。

然而，一位姓裴的富商卻冷靜應對，並未讓夥計冒險搶救財物，而是迅速撤離。他更在背後暗中囤積大量建築材料，如木材、磚瓦與石灰。大火熄滅後，朝廷下令重建臨安，並宣布建築材料商免稅，導致市場需求暴增。裴老闆於此時適時出售囤積的材料，獲得數倍於火災損失的利潤。

這個故事清楚說明了「危機即機遇」的道理。當危機降臨時，多數人只看到危險，卻忽略了其中的機會。然而，冷靜分析局勢、預測未來需求，往往能在困境中找到突破點。

輝達的市場轉型，現代商場的危機應對

在現代商場上，輝達（NVIDIA）的發展歷程也充分體現了如何將危機轉化為機遇。

2010 年代初，輝達主要業務集中在個人電腦的顯示卡市場，然而隨著智慧型手機與行動裝置的崛起，傳統 PC 市場逐漸萎

縮，導致輝達的核心業務面臨衰退風險。

面對市場變局，輝達果斷轉型，投入人工智慧（AI）與高效能運算（HPC）領域，開發出專門為深度學習設計的 GPU 架構。這一戰略轉變使輝達成為 AI 產業的核心技術供應商，並在自駕車、醫療研究與資料中心領域獲得廣泛應用。

隨著人工智慧技術的爆炸性成長，輝達的市值與營收在短短幾年間大幅攀升，成功從傳統的顯示卡製造商轉型為全球科技產業的領軍企業。

這個案例說明，面對市場挑戰時，企業應當善於分析大環境變化，適時調整戰略。輝達的成功來自於前瞻性的市場布局，以及果斷的技術轉型，使其從 PC 市場的困境中崛起，進一步引領 AI 時代。

危機與機遇的雙面性

無論是在歷史還是商業領域，危機與機遇總是如同硬幣的兩面。成功者之所以能夠脫穎而出，關鍵在於他們能夠冷靜分析局勢、預見未來，並在危機中找尋轉機。

如同蘇格拉底所言：「最有希望成功的人，不是天賦異稟者，而是善於抓住機會的人。」當我們面對困境時，與其驚慌失措，不如換個角度思考，積極尋找解決方案。更重要的是，未雨綢繆，從源頭減少危機發生的可能性，才能真正掌握自己的未來。

機遇青睞有準備的人

機遇往往降臨於有準備的人，而危機的爆發則多數來自於缺乏規劃與應變能力。當危機來臨時，我們應該保持冷靜，透過客觀分析找到機會點，並勇敢採取行動。唯有如此，才能讓危機成為轉機，甚至轉變為事業或人生的重大突破。

速度為王，決策定江山

在資訊化時代，只有反應迅速、果斷的人才能站穩腳步。

在《孫子兵法》中，有「兵貴神速」之說，意指速度在戰爭中往往是決定勝敗的關鍵因素。克勞塞維茲的《戰爭論》也強調，戰場上的優勢來自於對時機的迅速把握。這樣的道理同樣適用於企業競爭，市場就像戰場，誰的速度快，誰就能贏得先機。

企業競爭中的「管仲求生」——蘋果對抗諾基亞

2007 年，蘋果推出了第一代 iPhone，顛覆了智慧型手機市場。而在當時，手機市場的霸主是諾基亞，其市占率高達 40% 以上。然而，當蘋果迅速創新，採用觸控螢幕與應用程式生態系統時，諾基亞卻遲遲未能適應市場變化。即便意識到智慧型手機的趨勢，諾基亞的反應仍然過於遲緩，未能及時推出有競爭力的產品。結果，短短五年內，蘋果和三星迅速崛起，奪取市場主導地位，而曾經的手機巨頭諾基亞則被市場淘汰。

這正如管仲當年在魯國的處境。他深知魯國若回心轉意，他將性命不保，因此不斷催促押送他的役夫加快腳步，成功抵達齊國，最終助齊桓公成為霸主。而蘋果的快速行動，使其在科技戰場上獲得巨大優勢，而諾基亞的遲滯則導致了其衰落。

速度決定生存，亞馬遜的極速擴張

亞馬遜（Amazon）是另一個利用速度奪取市場的經典案例。創辦人傑夫·貝佐斯（Jeff Bezos）深知，在電商市場，速度就是一切。早期的亞馬遜主打圖書銷售，但貝佐斯迅速將其業務擴展至電子產品、服飾、食品等各類商品，並且不斷優化物流配送速度，推出「當日達」與「一小時快送」等服務。這種極致追求速度的策略，使亞馬遜在短短 20 年間，從一家線上書店成長為全球電商巨頭，遠遠拋離競爭對手 eBay 和沃爾瑪。

亞馬遜的成功，體現了非洲草原上的生存法則 —— 羚羊與獅子的競爭。無論是羚羊還是獅子，唯有跑得更快，才能確保生存。亞馬遜正是那隻跑得最快的「獅子」，憑藉極速行動，吞噬市場占有率，讓競爭者難以追趕。

「快魚吃慢魚」，Tesla 如何顛覆傳統車企

傳統汽車產業長期由福特、通用、豐田等老牌企業掌控。然而，特斯拉（Tesla）憑藉速度迅速崛起，改變了整個行業格局。2008 年，特斯拉推出第一款電動車 Roadster，隨後迅速推動電池技術升級、自動駕駛技術開發、充電站網絡建設，並在短短幾年間將電動車市占率提升至全球領先地位。

相比之下，傳統車企在面對電動車革命時反應遲緩，許多企業直到近年才開始大規模投資電動車研發，試圖彌補特斯拉早已奠定的技術與市場領先地位。但特斯拉的速度優勢，使其成為電動車領域的領導者，而許多傳統車廠仍在苦苦追趕。

這呼應了企業界的「快魚理論」——過去人們認為「大魚吃小魚」，但現在市場競爭的法則是「快魚吃慢魚」。不論企業規模大小，唯有速度快的企業才能占據主導地位。

速度決定企業未來

在當今競爭激烈的市場環境中，企業的成功不僅取決於創新與資本，更關鍵的是速度。蘋果、亞馬遜與特斯拉之所以能夠在各自領域中脫穎而出，正是因為它們對市場變化的迅速應

對。而諾基亞、eBay、傳統車企等企業，則因反應遲緩而失去市場主導地位。

正如《孫子兵法》所言：「激水之疾，至於漂石者，勢也。」在這個資訊化時代，速度決定一切。企業唯有不斷加快腳步，才能確保不被競爭對手超越，並在市場中立於不敗之地。

把握機會，果斷行動

宋代張泳曾說：「臨事三難：能見，為一；見能行，為二；行必果決，為三。」意思是，面對機會，首先要具備洞察力，其次要有行動力，最後則需果斷決策。這三點在商業競爭中至關重要，因為市場機會瞬息萬變，猶豫不決往往會導致錯失良機。

微軟與智慧型手機的錯失

2007 年，蘋果推出第一代 iPhone，改變了全球手機市場。當時，微軟已經擁有 Windows Mobile 作業系統，並且在企業級市場擁有一定的用戶基礎。然而，當史蒂夫．賈伯斯（Steve Jobs）向世界展示全觸控手機時，微軟的高層卻對此不以為然，時任微軟執行長史蒂夫．鮑爾默（Steve Ballmer）甚至公開嘲笑

iPhone 過於昂貴且沒有實體鍵盤，不會受到消費者青睞。

微軟錯失了第一波智慧型手機浪潮，之後試圖透過 Windows Phone 迎頭趕上，但已為時已晚。當微軟終於在 2010 年推出 Windows Phone 時，iOS 和 Android 已經完全主導市場，應用程式開發者也早已投入蘋果和 Google 的生態系統，微軟的行動作業系統始終無法吸引足夠的市場支持。結果，微軟在智慧型手機市場上屢戰屢敗，最終於 2017 年正式宣布放棄 Windows Phone 業務，這場競爭的失敗成為科技史上最昂貴的錯誤之一。

這與故事中的哲學家如出一轍 —— 當機會來臨時，若遲遲不願採取行動，最終只能在悔恨中反思錯失的機遇。

收購 YouTube，Google 的果斷決策

與微軟的猶豫不決相比，Google 則展現了「當機立斷」的典範。2006 年，YouTube 剛創立不到兩年，已迅速成為全球最大的影片分享平臺，雖然當時還未形成穩定的盈利模式，但 Google 憑藉敏銳的市場嗅覺，認為 YouTube 的潛力巨大，於是迅速出手，以 16.5 億美元將其收購。

當時，許多業界人士認為這筆交易過於冒險，因為 YouTube 面臨版權問題，盈利模式尚未確立。然而，Google 的決策者們相信影片內容將成為未來的關鍵趨勢，並願意承擔短期風險以

換取長遠利益。事實證明，Google 的決策是正確的，YouTube 現已成為全球最大影音平臺，每年創造數十億美元的廣告收入，並成為 Google 生態系統不可或缺的一部分。

Google 的成功在於它沒有陷入過度分析和猶豫，而是果斷行動，把握機會。這與故事中的哲學家形成強烈對比 —— 當機會來臨時，應該立刻行動，而不是等待最完美的時機，因為機會一旦錯過，便可能永遠無法挽回。

特斯拉與電動車市場的主導權

另一個成功案例來自特斯拉。當電動車技術尚未成熟時，許多傳統車企對此持觀望態度，擔心市場接受度不高、充電基礎設施不完善等問題。然而，伊隆．馬斯克（Elon Musk）卻沒有猶豫，而是堅信電動車將是未來的主流，並積極投入研發，率先推出高級電動車 Model S，隨後又以 Model 3 打入大眾市場。

相較之下，傳統車廠如豐田、福特、通用等企業在電動車市場的反應較慢，導致特斯拉迅速鞏固領先地位，當這些企業開始全力投入電動車研發時，特斯拉已經建立起完善的技術、生產與品牌優勢，使其在市場上占據主導地位。這正是「先發制人」的最佳寫照 —— 當機遇來臨，唯有當機立斷，才能掌握競爭優勢。

今天不猶豫，明天不後悔

商業競爭就像戰場，稍縱即逝的機會可能決定一家企業的興衰。微軟因猶豫而錯失智慧型手機市場，哲學家因猶豫錯失了人生伴侶，這些都是因為未能果斷行動。而 Google 收購 YouTube、特斯拉快速布局電動車市場，則是因為它們在關鍵時刻勇於決策，最終奪得市場主導權。

正如那位哲學家在臨終前的感悟：「今天不猶豫，明天不後悔。」在競爭激烈的市場環境中，唯有勇於決策，才能掌握先機，快人一步，創造成功。

拒絕拖延，掌握成功的節奏

證嚴法師曾說：「人有無限的可能、無限的力量，但是很多時候人們會因為某些因素，在面對工作時產生『等一等』的想法。」這句話點出了一個關鍵問題 —— 拖延。一旦習慣拖延，事情就會越積越多，影響效率與進度，最終形成惡性循環，使人永遠無法邁向成功。

亞馬遜的「今日事，今日畢」文化

亞馬遜（Amazon）能夠成為全球電商巨頭，很大程度上與其內部的「行動力文化」有關。創辦人傑夫．貝佐斯（Jeff Bezos）推崇「快速決策」，要求員工避免「過度分析」而耽誤時機。他強調：「如果你等到資訊完備才決定，那麼競爭者早已搶占市場。」因此，亞馬遜內部鼓勵員工快速測試、快速迭代，確保事情當日完成，而不是拖延至未來。

例如，亞馬遜在開發 Kindle 電子書時，面對來自蘋果 iPad 的潛在威脅，內部團隊並未花費數年時間完善產品，而是在短短幾個月內推出第一代 Kindle，迅速搶占市場。雖然初期版本並不完美，但透過不斷更新，最終讓 Kindle 成為電子閱讀市場的領導品牌。如果亞馬遜當初因為擔心產品不夠完美而拖延上市，可能就會錯失這個商機。

柯達的失敗，企業的「拖延症」

與亞馬遜的高效率形成鮮明對比的，是柯達（Kodak）的失敗案例。柯達曾是全球影像技術的領導者，然而，當數位攝影技術興起時，柯達內部的高層卻遲遲未能做出果斷決策。他們擔心數位相機會影響傳統底片業務的收入，因此一直猶豫不決，沒有立即投入數位市場。

即便柯達的工程師早在 1975 年就發明了第一臺數位相機，但高層卻一直拖延產品上市，直到 21 世紀初，當 Sony、Canon 和 Nikon 等競爭對手已經在數位相機市場站穩腳步時，柯達才真正開始推廣數位產品。但此時，消費者早已改變購買習慣，柯達錯失先機，最終於 2012 年申請破產，成為「拖延症」導致企業衰敗的經典案例。

諾基亞的遲滯，拖延的代價

除了柯達，諾基亞 (Nokia) 也是另一個典型案例。當智慧型手機市場興起時，諾基亞高層內部充滿猶豫，遲遲未能決定是否全面轉向觸控技術。他們害怕放棄傳統手機鍵盤會影響原有市場，因此遲遲不敢行動。結果，當蘋果和 Android 迅速崛起時，諾基亞已經來不及應對，最終在市場競爭中慘敗。

行動力決定未來

對比這些案例，我們可以發現，拖延不僅會讓個人在生活與工作上失去效率，對企業而言，更可能是毀滅性的打擊。那些成功的企業，如亞馬遜、蘋果、Tesla，無一不是以行動力著稱，它們的成功來自於「今日事，今日畢」的執行力。

拒絕拖延，立即行動

拖延是一種隱形的殺手，它悄悄地吞噬著成功的機會，使人停滯不前。正如證嚴法師所說：「如果你不想被拖延拖累、拖疲、拖垮、拖殘，那麼趕緊把自己的想法交給行動。」這不僅適用於個人，也適用於企業競爭。只有真正做到「今日事，今日畢」，才能確保自己始終站在成功的前端，而不是落後於時代，成為被市場淘汰的一員。

膽識與智慧，決定你能走多遠

成功者都是不是每個冒險者都會成功，但每個成功者都是勇敢於冒險的人。

遠見與行動力是成功者的關鍵

2000 年代初期，一位名叫布萊恩．切斯基（Brian Chesky）的美國青年考入羅德島設計學院。在這裡，他結識了一位同學喬．傑比亞（Joe Gebbia），兩人常常一起討論設計趨勢與市場需求，也經常一同參加創業論壇，關係日益深厚，成為無話不談的好友。

抉擇的時刻

畢業後，布萊恩與喬．傑比亞搬到舊金山，面臨高昂的房租壓力。他們靈機一動，決定將閒置的公寓空間出租給參加當地設計展覽的訪客，並且設計了一個簡單的網站來推廣這項服務。這時，喬興奮地對布萊恩說：「我們應該專注於這個點子，放手一搏，把它做成全球性的共享住宿平臺！」

布萊恩一開始有所猶豫，因為他們缺乏技術背景，也沒有任何創業經驗。然而，他們決定冒險嘗試，並開始全力發展這個新概念。

兩條截然不同的道路

在最初的幾年，這個共享住宿的概念並不被市場接受，他們甚至用信用卡借款來維持營運。但他們並未放棄，透過創新的行銷方式，終於吸引了投資人的目光。

到了 2010 年，Airbnb 已經獲得千萬美元的投資，並迅速擴展到全球。另一方面，他們當時的許多同學仍然選擇傳統的職場道路，擔任設計師或建築師。

2015 年，Airbnb 的估值突破 250 億美元，顛覆了傳統飯店業，布萊恩．切斯基和喬．傑比亞成為科技界最具影響力的創業家之一。

什麼是遠見？

布萊恩曾說：「未來屬於那些能夠預見改變並勇於創新的創業家。」遠見並非只是對現狀的理解，而是能夠在他人尚未察覺時，看見未來趨勢的能力。它不僅依賴知識，更需要勇氣和行動力。具備遠見卻不行動的人，只能成為旁觀者。

真正具備遠見的人是稀有的。若每個人都能預見未來，那便不再是遠見，而只是平凡的選擇。多數人缺乏遠見的根本原因，往往是因為害怕失敗。他們習慣於關注眼前的安全感，而對於未知的未來感到畏懼。

勇敢踏出第一步

沒有人希望失敗，每個人在投資或選擇人生道路時，都會保持謹慎。然而，過度謹慎往往成為阻礙成功的絆腳石。對於一個不甘平庸的人來說，最重要的第一步，就是打破內心的恐懼，勇敢地邁向未知。

當然，僅僅勇敢是不夠的。想要始終走在時代前端，不僅需要膽識，也需要智慧。我們應該鼓勵冒險精神，但並非鼓吹盲目行動。冒險與魯莽之間的界線，正是在於是否具備明確的策略與判斷力。

智慧與行動的結合

真正的成功來自於「遠見、勇氣與智慧」的結合。擁有遠見的人，應當勇於行動，但行動之前，必須建立在深思熟慮的基礎上。若沒有明確的計畫，單憑衝動行事，只會淪為市場競爭中的犧牲者。

未來的世界，屬於那些不僅能看到機會，還敢於踏出第一步，並能以智慧應對挑戰的人。

成功的關鍵在於膽識與機遇
迎接挑戰的抉擇

如果有一份事業，難度極高，但成功後能讓你飛黃騰達，失敗則可能讓你失去現有的安穩生活，在沒有外力逼迫的情況下，你是否願意嘗試？或許你會毫不猶豫地回答「敢」，但真正關鍵的是，你是否真的會去行動？如果你的答案是肯定的，那麼在勇氣這方面，你已經與許多世界級企業家站在同一起跑點上。

富人的投資智慧

香港首富李嘉誠曾說：「大街上血流成河的時候，恰恰是最好的投資時機。」美國億萬富翁阿曼德．哈默（Armand Hammer）也曾表示：「只要值得，刀口上的血也敢舔。」這些話揭示了一個不變的道理——財富的累積往往與勇氣成正比，沒有過人的膽識，很難在競爭激烈的市場中脫穎而出。如果缺乏冒險精神，不敢成為第一個「吃螃蟹」的人，那麼人生的軌跡很可能就此平庸無奇。特別是對於仍在為經濟拮据而煩惱的人來說，更應該具備冒險精神，因為成功意味著一夜致富，而失敗最多也只是回到原點。

機會與風險的辯證關係

許多人認為機會與風險是相伴而生的孿生兄弟，這個觀點的確成立。然而，從歷史經驗來看，機會往往大於風險，關鍵在於個人的心態與判斷能力。世界知名管理學家彼得·杜拉克（Peter Drucker）曾說：「不要試著最大限度地降低風險，你的職責是最大限度地擴大機會。」這句話道出了成功者的思考方式——聚焦於機會，而非只看風險，因為過度關注風險只會讓人錯失良機。

態度決定成敗

人們對於機會與風險的態度，往往決定了最終的成敗。有人說：「奮鬥不一定成功，但放棄一定失敗。」如果一個人總是用消極的眼光看待問題，他往往只看到風險，而忽略了其中的機會。這其實是一種更大的風險，因為這意味著他可能錯失人生中最寶貴的契機。許多決策的時間成本極高，今天做決定與明天做決定，所需要付出的代價可能截然不同，更何況有些機會一旦錯過，便再也無法挽回。

創新與冒險

勇於冒險就是創新的開始，千萬不要將創新視為遙不可及的目標。害怕失敗的人，永遠無法真正創新，而沒有風險的道路，也就無法稱為創新之路。對於許多成功的企業家而言，創新所帶來的風險並不可怕，真正可怕的是沒有創新、始終跟在別人身後。當然，聚焦機會與創新並不意味著盲目忽視風險。在任何情境下，所有行動的結果無非是成功或失敗，因此，在成功機率極低的情況下仍然貿然行動，那並非真正的冒險，而是一種魯莽的行為。

風險與謹慎並行

《易經》中有一個「履」卦，卦辭提到：「履虎尾，不咥人。」意思是說，即使踩在老虎尾巴上，也不會被老虎咬傷。這個寓意告訴我們，在錯綜複雜的市場環境中，要勇敢前行，但同時必須具備避免風險的能力。換句話說，想要獲得巨大成功，需要具備進入虎穴的勇氣，但若想帶回「虎子」，則必須步步為營，謹慎行事，否則可能淪為猛獸的獵物。

把握機會，謹慎前行

機會與風險總是並存，關鍵在於如何以正確的態度面對。成功者往往懂得放大機會、降低風險，並以創新的方式突破困境。若能在適當的時機果斷行動，並採取周詳的策略，那麼機會終將傾向於那些勇敢且有智慧的人。

膽商的本質

「膽商」這個詞，顧名思義，指的是擁有勇氣，敢於面對風險與挑戰的智慧。俗話說：「撐死膽大的，餓死膽小的。」這句話形象地說明了機遇往往垂青那些敢於行動的人。許多時候，成功與否的關鍵不在於能力，而在於是否敢於嘗試。換句話說，世上有許多事情，並不是能不能、成不成的問題，而是敢不敢、做不做的問題。想要賺大錢、創大業，首先必須具備「敢想敢為」的精神。如果沒有行動力，即使機會擺在眼前，也無法把握住成功的契機。

只靠膽量行得通嗎？

然而，光有膽量就夠了嗎？當然不行。否則，世界上最成功的人應該是賭徒，因為他們最有膽量，敢下注、敢冒險，甚至在關鍵時刻賭上一切。然而，賭博的本質是隨機性，缺乏理性分析與風險管理。因此，真正的冒險與賭博不同，前者是經過縝密思考的決策，後者則是盲目碰運氣。真正能夠成功的人，雖然勇於冒險，卻絕不魯莽行事。他們的膽量是成功的必要條件，但最終能否獲得財富，則取決於他們的細緻謹慎。這種結合了勇氣與細心的能力，才是最強大的致富之道 —— 膽大心細。

膽大心細的智慧

一則有趣的故事能夠生動說明「膽大心細」的重要性。

某醫學院教授在上課時對學生說：「做醫生，最要緊的就是膽大心細。」他一邊說，一邊將一隻手指伸進一杯尿液裡，然後放進自己的嘴裡。接著，他要求學生們照做。學生們雖然滿臉猶豫，但最終還是硬著頭皮依樣畫葫蘆。教授看著大家的反應，搖搖頭說：「你們的確夠膽大，但卻不夠心細，因為你們沒注意到，我伸入尿液的是食指，但放進嘴裡的卻是中指！」

這個笑話告訴我們，成大事者不拘小節，但卻必須關注細節。方向決定格局，細節決定成敗。如果一個人過於專注於細節，可能會迷失在瑣事當中，影響整體目標；但如果只關心方向而忽略細節，那麼再好的計畫也可能因微小的疏忽而功虧一簣。因此，真正的成功者懂得在整體與局部之間取得平衡，既有勇氣迎接挑戰，又能關注細節、謹慎行事。

追求成功，避免急功近利

我們常看到一些人，整天幻想著財源滾滾來、名聲大噪，然而，他們往往終其一生也無法實現夢想。這是否意味著他們不夠努力？不盡然。真正阻礙他們成功的，是他們過於急切，忽視了「天下大事，必做於細」的道理。他們一心想要賺大錢、做大事，卻對身邊的小事與細節不屑一顧，結果導致「千里長堤毀於蟻穴」，最終還不如那些一步一腳印、踏實努力的人。

勇氣固然重要，但它往往是盲目的，因為人在決策時，容易忽略潛在的風險與困難。魯莽和輕率，往往是失敗的根源。無論從事何種事業，都不能憑意氣行事，而應該冷靜分析，制定周詳的計畫，並在實踐中不斷修正策略。唯有結合膽量與細心，才能真正提高成功的機率，避免不必要的挫折與失敗。

吳政學與 85° C 的創業之路

在現今競爭激烈的社會，想要脫穎而出，除了勇敢迎接挑戰，還必須具備精密的判斷力與執行力。簡單來說，成功者的特質在於「膽大心細」，既能勇於突破、抓住機會，又能縝密規劃，確保每一步都穩健前行。只有具備這種膽商，才能真正立足於市場，從容應對變局，最終走向成功之路。

吳政學便是一個展現高度膽商的代表人物。他出身雲林，早年從事過美容、美髮、製鞋、石材等多項行業，歷經多次失敗與轉型。直到 2003 年，他看準當時臺灣市場上「高品質咖啡價格過高、平價咖啡品質不佳」的矛盾，決定創立平價精品咖啡品牌 —— 85° C。

創業初期，吳政學大膽整合咖啡、蛋糕與烘焙產品，以單一價格策略打破傳統市場框架，主打「一杯只要 35 元的精品咖啡」，同時邀請五星級飯店烘焙師進駐，確保產品品質。他不僅敢於挑戰當時國際品牌的壟斷地位，也能細膩規劃營運流程與品牌擴張節奏，在短短數年間成功打下市場基礎，並進一步將品牌推向中國、美國、澳洲等地，成為臺灣少見的國際連鎖餐飲品牌。

吳政學的創業故事證明，「膽商」不只是魄力，更是一種看清時機、承擔風險並付諸執行的能力。只有兼具膽識與細節管理，才能在變化萬端的市場中站穩腳步，開創屬於自己的高度。

機會與風險並存

別讓貪婪遮住雙眼，跑得快不如走得穩，安全才是長久之道。

定位決定人生的高度

在《孫子兵法》中提到：「夫未戰而廟算勝者，得算多也；未戰而廟算不勝者，得算少也。」這意味著，在行動之前，精確的策略與定位決定了勝負的可能性。同樣地，在人生的舞臺上，一個人能達到多高的成就，很大程度上取決於他如何為自己設定目標與定位。

明確目標，才能掌握未來

許多成功人士在事業初期便設立明確的願景，比如擁有多少財富、取得何種社會地位，甚至對於影響力的期待。這些具體而明確的目標，不僅能提供前進的方向，也能幫助他們在面對困難時堅定信念。相反，若缺乏清晰定位，容易在人生道路上徘徊不定，甚至隨波逐流，最終一事無成。

然而，成功並非只依靠勇氣與雄心，若一味地激進冒險，則可能陷入險境。這與克勞塞維茲在《戰爭論》中所述：「戰爭是一場不確定性的競技。」人生也是如此，不能僅考量回報，忽視風險。正如森林裡蘊藏無數珍貴資源，但其中也潛伏著猛獸，貿然行動可能帶來不可挽回的後果。

盲目逐利，往往得不償失

歷史上因為貪婪而最終失敗的案例不勝枚舉。例如金融市場中，許多投資人為了短期暴利，選擇高風險投資，最終因市場波動而傾家蕩產。這與一則故事有異曲同工之妙：

某位富翁招聘司機，詢問三位候選人：「若載我前往懸崖，懸崖邊堆滿黃金，你能把車停在多近的距離？」

第一位司機自信地說：「我能停在距離懸崖一公尺的地方，既安全，又能幫您取金。」

第二位司機則表示：「我的技術沒問題，您希望停在哪裡，我就能停在哪裡。」

第三位司機則謙虛地說：「我不確定自己的技術能把車停在多近，但我不會冒這個風險，因為作為司機，安全才是最重要的。」

結果，富翁選擇了第三位司機。這個故事提醒我們，在追求成功的路上，盲目接近風險可能會導致災難，而真正聰明的人，懂得權衡風險與回報，確保自身與企業的長久發展。

穩健前行，才是成功之道

許多企業家因過度擴張而導致企業倒閉，這就如同一輛高速行駛卻沒有剎車裝置的車輛，一旦遭遇突發狀況，便難以挽回。最典型的例子，莫過於 2008 年金融海嘯中倒下的雷曼兄弟（Lehman Brothers）。

這家擁有超過百年歷史的美國投資銀行，曾是華爾街的象徵之一。但在 2000 年代初期，雷曼為了追求更高報酬，積極投入高風險的次級房貸市場，並透過複雜的金融衍生品大量舉債操作。當時看似風光的成長，其實是建立在高度槓桿與脆弱資金結構之上。

2008 年，美國房市泡沫破裂，市場信心崩潰，雷曼兄弟瞬間陷入資金斷裂、無法履行債務的困境，最終申請破產保護，成為全球金融危機的導火線之一。這場危機不僅摧毀了一家百年金融機構，也為全世界的企業與投資者敲響警鐘。

相對之下，那些堅持穩健經營的企業，雖然成長速度較慢，卻能在經濟風暴中維持基本體質，甚至趁勢擴張、脫穎而出。這顯示，真正能夠長久立足於市場的，不是爆發性的成長，而是穩健的步伐與對風險的清晰掌控。

合理定位，穩步前進

人生與企業經營都需要有明確的定位與風險意識。單純追逐利益而不顧風險，容易讓人陷入不可控的危機之中。唯有在確保穩定發展的基礎上，謹慎規劃前進的道路，才能真正達成人生的長遠目標。

創業不是賭命，而是精算風險

在《孫子兵法》中提到：「勝兵先勝而後求戰，敗兵先戰而後求勝。」這句話點出，真正的勝利者是在行動前已經計算好勝算，確保風險可控後才出手。而失敗者則是先衝上戰場，寄望於臨場發揮。創業亦然，並非一味勇猛無懼就能成功，而是需要縝密的規劃與風險管理。

成功的關鍵，
優先考慮如何避免失敗

許多創業者喜歡引用「破釜沉舟」、「背水一戰」來表達自己背水一戰的決心。然而，商業競爭並非戰爭，不能只憑意志取勝。在商業世界中，真正的成功者不僅考慮如何成功，更會優先思考如何避免失敗。

以華人首富李嘉誠為例，他在 22 歲創業以來，經歷數次經濟危機，卻始終穩健發展。他的投資哲學與其成功經驗並非來自激進擴張，而是來自對風險的謹慎評估。他曾公開表示：「我做生意時，花 90%的時間考慮失敗。」他強調，任何一筆生意都應該先思考最壞的情況，並建立應對機制。這種保守卻精準的投資策略，使他在全球市場震盪時仍能穩如泰山。

投資與風險管理，
巴菲特的經營哲學

全球投資大師華倫．巴菲特的成功祕訣同樣圍繞風險控制。他有兩條著名的投資原則：「第一，不許失敗；第二，永遠不許失敗。」這看似極端，實則體現了他對風險的高度重視。在投資世界中，很多人會因一次錯誤決策而導致資產大幅縮水甚

至破產。因此，巴菲特的策略是確保每一次投資都在可承受的風險範圍內，並且擁有足夠的資金應對市場變動。

機會雖重要，資金才是生意的後盾

人們常說：「機不可失，失不再來。」然而，現實世界中，機會往往不止一次出現。對於商人來說，最關鍵的資源並非單純的機遇，而是「資金」。資金是企業生存的命脈，沒有資金，即使再好的機會擺在眼前，也只能無奈錯過。

因此，商業運作必須保持一定的流動資金，不能將所有資本孤注一擲。那些妄想在商戰中一次性翻身、一步登天的心態，是極為危險的。商業競爭不像戰爭，除非萬不得已，否則不應該採取「破釜沉舟」的策略。

不要為了短暫利益而賭上未來

《莊子》中的〈緯蕭得珠〉提供了一個深刻的商業啟示。一名經營草織品的商人，本來靠穩定的生意維持生計。有一天，他的兒子緯蕭在河裡撿到一顆價值不菲的龍珠，便勸父親轉行撈珍珠發財。然而，父親拒絕，並告誡兒子：「我們不能只看見短期的利益，而忽略其中的風險。」這顆龍珠來自河底沉睡的黑龍嘴裡，一旦再去撈，黑龍清醒後可能吞噬他們的性命。

這則寓言提醒我們，商業決策不能只看見眼前的獲利機會，而忽視風險。一個成功的企業家，必須擁有長遠的眼光，既能發現商機，也能評估潛在的威脅，避免因一時貪念而招致毀滅性後果。

穩健經營，才能基業長青

商場如戰場，但並非戰場。成功的企業家與投資者，都強調風險評估與資金管理，而非孤注一擲的冒險。真正的聰明人，懂得衡量風險與回報，確保每一步都走在可控範圍內，而不是一味地「搏到盡頭」。在創業與投資的道路上，穩健經營、保有資金彈性，才能在市場風雲變幻中立於不敗之地。

商場如戰場，信任與防範的平衡

在《孫子兵法》中提到：「兵者，詭道也。」商場如戰場，競爭對手間的較量不僅關乎策略，更關乎心態。雖然社會普遍認為信任是一種美德，但在商業世界中，過度依賴信任而忽略風險，往往會讓人付出慘痛的代價。

信任不能盲目，商場需要謹慎

許多人誤以為，一旦與某個商業夥伴建立了信任，就可以放心合作，甚至不做任何防範。然而，現實是，利益至上的商業環境中，許多看似可靠的人，在利益面前也可能轉變立場。因此，成功的企業家往往會在合作前，仔細評估對方的信譽和行事風格，確保自身利益不受損害。

這正如《孫子兵法》所言：「知己知彼，百戰不殆。」了解合作夥伴的商業模式、財務狀況與過往紀錄，才是防範風險的關鍵。許多企業在簽訂合約前，會聘請專業律師進行審查，這並非缺乏信任，而是必要的商業防禦策略。

利益面前，信任或許只是幻象

商場上的朋友，往往是基於共同利益而結成的合作關係，而不是單純的情誼。很多企業家在創業初期，可能會與熟人或朋友合作，但隨著利益關係變化，昔日的朋友也可能成為今日的競爭對手。因此，在商業合作中，單憑過往的友誼來判斷未來的可靠性，無異於賭博。

歷史上不乏因過度信任而導致失敗的案例。例如，一些企業因長期與特定供應商合作，過於依賴對方的誠信，未能簽訂明確的合約條款，結果在供應商發生財務危機時，企業自身也遭受連帶影響。因此，無論合作關係多麼穩固，確保契約條款明確、權利義務清楚，才是企業長遠發展的根本。

過度信賴信譽，可能成為致命弱點

有些企業過於依賴自身的信譽，認為只要保持良好的信用，就能獲得他人的誠信回報。然而，這種想法在現實世界中並不完全適用。正如《孫子兵法》所言：「兵不厭詐。」有些不肖商人，可能會利用初期的誠信表現來獲取信任，最終在關鍵時刻進行背叛，導致對方蒙受重大損失。

例如，許多投資詐騙案中，詐騙集團會先小額還款，讓投資者產生信任，隨後再進行更大規模的詐欺。這樣的手法，在商業世界中並不少見。因此，企業經營者應時刻保持警覺，避免因過度信任而掉入陷阱。

人性不可過於樂觀

荀子曾說：「人之性惡，其善者偽也。」這並非意指人天生邪惡，而是強調人在特定環境下，可能會做出不道德的行為。特別是在商業環境中，當個人利益與道德產生衝突時，有些人可能會選擇犧牲道德來獲取更大利益。因此，商人應該在合作過程中，對人性保持一定程度的懷疑，並制定完善的防範措施，以確保自身利益不受侵害。

張天立與博客來的教訓

商業世界並非純粹的信任遊戲，而是一場需要謹慎規劃與風險控制的競爭。真正成功的企業家，並非完全不信任他人，而是懂得如何在信任與防範之間取得平衡。他們會透過合約、法律顧問與市場分析，確保自身不會因過度信任而陷入危機。

然而，張天立與博客來的案例，正好反映了當信任與風險控管失衡時，可能造成的嚴重後果。張天立是博客來網路書店的創辦人之一，在 1995 年就看準網路零售的未來潛力，率先投入線上書店經營，成為臺灣電商產業的先驅者。

但隨著博客來快速成長，他因資金需求與營運壓力，引入外部股東，並將部分經營權與股份轉讓給當時的合作夥伴。初期他對夥伴高度信任，並未對股權結構與公司治理設下明確保障機制。後來，主導權逐漸轉移，在幾次董事會決策後，張天立最終失去了對博客來的控制權，甚至被迫完全退出自己一手創立的公司。

這段經歷不僅是他個人的挫折，也為臺灣創業圈敲響警鐘 —— 在追求成長與引進資源的同時，若忽略了對自身權益的保護，過度信任可能讓創業者失去對企業的控制與主導地位。

張天立的故事提醒我們，信任雖能促成合作，但若缺乏防範與制度設計，再好的初衷也可能變成失控的風險。成功的關鍵，在於在理性與感性之間拿捏得宜，既不盲目懷疑，也不過度依賴。

如同《孫子兵法》所言：「慎終如始，則無敗事。」在商場上，我們必須保持警覺，制定完善的應對策略，才能確保企業的長遠發展，避免因一時的輕信而招致不可挽回的損失。

真正的節儉，不是吝嗇而是精明

吝嗇只會讓你錯失機會，真正的節儉是智慧的財務管理，幫助你累積資本、創造更大的價值。

節儉才是真正的致富之道

省一塊錢等於賺一塊錢 —— 這是台塑集團創辦人王永慶的名言。

他曾說：「多爭取一塊錢的生意，也許會受到外在環境的限制，但節省一塊錢，卻可以靠自己的努力來達成。節省一塊錢，就等於淨賺一塊錢。」他還進一步強調：「賺一塊錢不算賺錢，省一塊錢才是賺錢。」這句話乍聽之下似乎不太合理，但細想之後便能理解：如果賺來的一塊錢立刻花掉，在財富狀況上等同於沒有賺到這筆錢；然而，省下的一塊錢則是真正的資產，隨時都能派上用場。因此，節儉才是真正的累積財富之道。

王永慶的節儉在業界是出了名的，他的節儉幾乎可以說是

「無微不至」。例如，飲食方面，他最喜愛的是簡單的家常滷肉飯；蔬菜則來自於他在台塑公司頂樓開闢的菜園，母親在世時，他幾乎都是吃自己種的菜。至於穿著，他並不在意衣服的新舊與款式，一雙運動鞋可以穿上好幾年。就連喝咖啡，他也不浪費，會用小勺舀一些咖啡將奶精球的容器沖洗乾淨後，再倒回咖啡杯中。

他的節儉還體現在日常生活的各個細節，例如：洗澡時，剩下一小片的肥皂會黏在新的肥皂上繼續使用；健身時，他每天做「健身毛巾操」，使用的毛巾長達 27 年；辦公時，公司職員曾花費 1,000 美元為他的辦公室更換新地毯，結果卻讓他大為不悅。發名片時，他堅持每人一張，絕不浪費；搭乘飛機時，他總是選擇經濟艙。此外，王永慶對子女的教育也十分節制。據他的女兒王雪紅透露，他們兄弟姐妹在美國求學時，父親供給的學費與生活費都算得非常精準，完全沒有奢侈的空間。甚至父親與他們聯絡時，都是透過寫信，而非昂貴的長途電話，因為「打電話太貴了」。

世界級富豪的節儉習慣

不僅王永慶如此，其他世界知名企業家同樣秉持節儉精神。例如，被譽為「超人」的香港企業家李嘉誠，對於服飾並不講究，西裝可以穿上十年以上，皮鞋壞了則修補後繼續穿。他的手錶價值僅 26 美元，完全沒有追求奢華配件的習慣。

臺灣科技業鉅子郭台銘也推崇節儉精神。他曾講過一個故事：某人向一位富翁請教如何致富，富翁說：「請您等一下，我把燈關掉再說。」郭台銘也常因不講究「品味」而被朋友取笑，但他認為，如果他真去追求奢華，股東們就該擔心了。

國際企業家的節儉生活

在國際商界，也不乏節儉的成功人士。微軟創辦人比爾蓋茲雖然富可敵國，卻從不鋪張浪費。他經常搭乘經濟艙，午餐通常是簡單的漢堡，不講究名牌服飾，對折扣商品更是特別感興趣。此外，他沒有私人飛機或豪華遊艇。有一次，他與朋友前往飯店開會，因遲到未能找到停車位，朋友建議將車停在貴賓車位，但他堅持不同意，即便朋友表示可以幫他支付停車費，他仍然拒絕，原因是該車位比一般車位多收 12 美元。

瑞典家居巨擘 IKEA 的創辦人英格瓦．坎普拉德（Feodor Ingvar Kamprad），其財富曾一度超越比爾蓋茲，卻仍保持極為簡樸的生活方式。他的座車是一輛已駕駛超過 15 年的舊轎車，出行時一律搭乘經濟艙。他甚至習慣在價格較低的時段採購食材，經常出現在 IKEA 特價區購買折扣商品。即便在外用餐，他也總是挑選最便宜的餐廳，有時甚至會因為多花了一筆錢而耿耿於懷。

股神的節儉智慧

股神華倫．巴菲特（Warren Buffett）也曾說過：「如果你想知道為什麼我能超越比爾蓋茲，我可以告訴你，這是因為我花得少，這是對我節儉的一種獎賞。」巴菲特的節儉精神從年輕時便已展現無遺。例如，他的第一個孩子出生時，他將妻子的梳妝檯抽屜改裝成搖籃；第二個孩子出生時，他則向朋友借了一張嬰兒床。此外，有一次，他在飯店與客戶簽合約時，特地請朋友幫忙帶來六罐百事可樂，以避免支付昂貴的客房服務費。

節儉即是成功的起點

對大多數人來說，這些富豪的資產可能遙不可及，而他們的節儉習慣似乎也與現代生活格格不入。然而，許多人熱衷於研究他們的成功祕訣與投資理論，卻往往忽略了節儉這一點。事實上，在累積財富的過程中，節儉本身就是最基本的存財方式與成功要素。當富豪們尚且如此精打細算，更何況是我們呢？

成功企業家談理財智慧

李嘉誠曾說：「30 歲以前要靠體力賺錢，30 歲以後要靠錢賺錢。」這句話揭示了一個重要的財務觀念 —— 理財不僅僅是收入的累積，更是資本運用的智慧。然而，許多人終其一生都難以跳脫「靠體力賺錢」的模式，這並非因外在環境限制，而是因為缺乏節儉與財務規劃的習慣，使得資本累積無法達到「用錢賺錢」的門檻。

勤儉節約的傳統智慧

唐代詩人李商隱曾說：「歷覽前賢國與家，成由勤儉敗由奢，常將有日思無日，莫待無時思有時。」崇尚儉樸、反對奢華的觀念自古便是立家興業的基石。節儉不僅是一種個人財務管理方式，更是企業永續經營的重要精神。從全球成功企業家的例子來看，許多人的財富累積並非來自一夕暴富，而是源於長期的財務紀律與節制。

節儉與資本累積

節儉不只是個人習慣，更是企業成功的基石。例如，特斯拉(Tesla)創辦人伊隆．馬斯克(Elon Musk)在創業初期，曾經住在辦公室，並且依靠每月僅數百美元的生活費度日，將資金集中投入研發與業務拓展。他的成功顯示，精打細算的財務管理能夠為企業帶來更大的發展空間。

此外，許多財務專家也強調，個人財富管理應該遵循「50/30/20 法則」—— 50%收入用於必要開支，30%用於可自由支配的支出，20%則用於儲蓄與投資。這樣的策略能夠確保在享受生活的同時，也為未來累積財富。

理財與未來規劃

有些人雖然收入可觀，但卻沒有良好的儲蓄習慣，導致財務狀況不穩定。許多高薪族群因過度消費而陷入負債，無法累積足夠資本進行投資。理財不只是賺取高薪，而是學會如何管理收入，使其發揮最大效益。

從這些成功企業家的故事中可以看出，財務自由的關鍵不僅在於收入的多寡，而是在於如何有效運用財富。節儉與良好的財務規劃不僅能夠幫助我們累積資本，也能讓我們在關鍵時刻擁有更大的選擇權。因此，培養良好的財務習慣，才是邁向財務自由的關鍵。

掌握財務自由的關鍵

無論是巴菲特、坎普拉德，還是馬斯克，他們的成功並非偶然，而是長期財務紀律的結果。他們的故事提醒我們，節儉不只是節省開支，更是一種資源最佳化的策略。現代社會中，與其追求短期的消費滿足，不如思考如何讓資金為自己創造更大的價值。當我們開始以長遠的視角看待財務管理，便能真正掌握財務自由，實現更豐盛的生活。

真正的理財之道

在某間百貨公司門口，一名年輕人正在等候女朋友，身旁站著一位衣著講究的中年男子，正悠閒地抽著一支雪茄。

「您的雪茄味道真香，應該不便宜吧？」年輕人主動攀談。

「嗯，這是哈瓦那雪茄，一支大約要兩美元。」中年男子微笑著回答。

「哇，那您一天要抽幾支呢？」年輕人驚訝地問道。

「大概十支吧。」中年男子輕描淡寫地說。

「天啊，那您抽了多久了？」年輕人繼續追問。

「從十幾歲開始，到現在大概四十年了。」中年男子回憶著。

年輕人算了一下，驚呼：「照這樣算下來，您抽掉的錢都足夠買下這家百貨公司了！」

中年男子笑了笑，反問：「那你抽菸嗎？」

「當然不抽！」年輕人自信地回答。

「那麼，你買下這家百貨公司了嗎？」中年男子淡然地問道。

年輕人愣住了，說不出話來。

這個故事並非要鼓勵奢侈消費，而是點出一個現實：節儉雖然重要，但並非財富的唯一來源。年輕人不抽雪茄，理論上應該存下不少錢，但他依然無法擁有一家百貨公司，而中年男子即使每天抽昂貴的雪茄，依舊能夠成為企業主，這說明了「賺錢」遠比「省錢」來得重要。

節儉不是成功的唯一關鍵

歷史上有許多知名企業家以精打細算聞名，例如股神華倫．巴菲特（Warren Buffett），他至今仍住在 1958 年以 3.1 萬美元購入的房子裡，生活簡樸，甚至還曾公開表示他每天早餐都吃速食。然而，他的成功絕非單靠節儉，而是來自於精準的投資眼光與理財智慧。

相反地，有些人過度節儉，反而阻礙了自己發展。美國作家喬許．比林斯（Josh Billings）曾描述過一位富翁，他習慣將信紙寫滿後裁掉空白的部分，留作草稿紙使用，甚至規定員工在包裝產品時必須省下繩索，導致員工耗費更多時間去處理包裝，反而影響效率。這類過度節儉的行為，其實並不符合真正的財務智慧。

吝嗇與節儉的區別

美國成功學大師戴爾．卡內基（Dale Carnegie）曾說：「真正的節儉並非吝嗇，而是有效率的花費，而非一毛不拔。」節儉的核心在於「用錢得當」，而非盲目地節省。吝嗇的人往往過於斤斤計較，甚至影響人際關係，例如某些人連與親友聚餐時都要精確計算每人應該支付的費用，這種做法雖然節省開支，卻可能損害友情與信任。

比爾蓋茲（Bill Gates）曾形容金錢管理如同料理：「花錢就像加鹽，過少則無味，過多則難以下嚥。」這句話點出了一個關鍵——花錢需要適度，該省則省，該花則花，才能讓資源發揮最大價值。

過度節儉的代價

在東亞文化中，節儉向來被視為美德，但過度節儉卻可能帶來負面影響。例如，某些人為了省錢，捨不得買保險、捨不得定期健康檢查，最終卻因突發疾病而付出更大的代價。許多財經專家都提醒，節省固然重要，但在健康、教育與投資等方面，不應該過度壓縮預算，否則可能因小失大。

曾經有一名知名企業家分享他的經驗，他年輕時為了省錢，總是選擇住最便宜的旅館、搭最便宜的航班，結果旅途勞累影響了談判狀態，反而錯失了好幾筆重要的商業機會。後來他領悟到，適當的投資自己，才能讓事業更上一層樓。

財富的本質在於創造價值

節儉是一種美德，但它並不是致富的唯一途徑，真正能累積財富的人，往往具備更廣闊的眼光與思維。他們懂得投資、懂得創造價值，而非僅僅依靠省錢。與其執著於省下一杯咖啡的錢，不如思考如何提升自身能力，創造更多收入，這才是致富的真正關鍵。

下一次當你考慮是否要省下一筆開支時，請先問問自己：

「這筆錢省下來，真的會讓我變得更富有嗎？」如果答案是否定的，也許你應該轉換思維，將金錢用在更具價值的地方。

財富的本質在於創造價值

宏碁集團創辦人施振榮正是一個明確的例子。早年在創辦宏碁時，面對資源有限的困境，他並未將全部心力放在削減開支，而是專注於發展自有品牌與技術，並投注資源在人才培育與研發投入上。他相信，唯有打造出有價值的產品與服務，企業才能在市場中站穩腳步。

施振榮提出「微笑曲線」理論，強調價值應集中在設計與品牌，而不是僅靠代工生產。他帶領宏碁從代工廠升級為全球知名品牌，靠的不是節省每一分錢，而是勇於投入、敢於創新。他清楚知道，將資源用在對的地方，才是真正能創造財富的關鍵。

所以，下一次當你考慮是否要省下一筆開支時，請先問問自己：「這筆錢省下來，真的會讓我變得更富有嗎？」如果答案是否定的，也許你更該思考的是，如何將這筆錢轉化為更大的價值與可能性。真正的財富，不是從省錢開始，而是從創造開始。

識人、用人、留人，企業的生死線

現代社會普遍認為「人才是企業的根本」，「人才是第一生產力」，這種觀念其實早在古代就已經存在。回顧歷史，春秋戰國時期的各國君王早已深諳「得一士而國興，失一士而國亡」的道理，人才對於國家與企業的發展至關重要。

人才決定未來

史書記載，齊景公曾向賢相晏嬰請教如何治理國家。晏嬰回答：「關鍵在於任用賢能之人，讓他們治理國家和百姓，人民才能安居樂業，國家才能長治久安。」這種用人觀念不僅適用於治理國家，對於現代企業管理同樣適用。

從歷史上看，許多君王雖然對外宣稱施行仁政，但內心卻視百姓如牛馬。然而，無論其內政如何，他們在招攬人才方面總是不遺餘力，因為歷史中「得一士而得天下，失一士而失天下」的案例比比皆是。

例如，秦國強盛之時，趙國曾經面臨滅亡的危機。司空馬這位人才最初曾是秦國宰相呂不韋的門客，但因政治動盪流落趙國，並受到趙王任用。然而，在國家危機時，趙王卻拒絕採納司空馬的建議，最終導致趙國滅亡。這個案例清楚地揭示了人才在國家存亡中的關鍵作用：有賢者而不用，國將不國。

企業經營的關鍵

經營企業雖然與治理國家有所不同，但在人才使用上，兩者的道理殊途同歸。資本、設備、員工是企業的三大要素，其中最重要的仍是「人」，尤其是優秀的人才。企業擁有再多資本，也需要有人來決策如何運用；設備再先進，也需要人才來操作；不管是生產還是銷售，最終都需要人的執行與創新。沒有適當的人才，一切發展都是空談。

微軟創辦人比爾蓋茲曾被問及：「如果讓你離開微軟，你還能東山再起嗎？」他堅定地回答：「能。」但他接著補充：「只要允許我帶走 100 個人。」他沒有提及設備或資金，而是強調人才的重要性。這正說明，一支優秀的團隊能夠整合資源、獲取技術、創造產品，進而占領市場並持續獲利。

人才的態度與處理方式

「企」字上為「人」、下為「止」，恰好點出企業經營的核心寓意——若忽視「人」，企業終將停滯不前。歷史與現實都不斷提醒我們：人才，始終是企業存續與發展的關鍵所在。然而，真正的考驗，不是在順境中如何善用人才，而是在逆境中企業如何對待人才。

2001 年網路泡沫破裂，全球科技產業受到重創，臺灣也無法倖免。當時台積電面臨嚴峻經濟壓力，史無前例地宣布裁員逾千人，引發社會高度關注與爭議。然而，張忠謀在面對外界批評時，並未推諉卸責，而是親自出面說明裁員原委，並強調這是為了讓台積電「不必每幾年就經歷一次更大的裁員」，強化體質、保全更多人的未來。

更重要的是，在執行裁員時，台積電仍展現出極高的制度與人道標準。他們提供優於業界的資遣條件，協助被資遣員工轉職，甚至設置專案小組提供心理與職涯輔導。對內，則著手改革組織結構與用人策略，導入更彈性與精實的團隊制度，強化內部訓練與升遷透明度，讓留下來的員工看見制度與希望，而非恐慌與不安。

這場風暴過後，台積電不僅沒有元氣大傷，反而在幾年內快速恢復動能，成為全球半導體供應鏈中不可或缺的角色。這顯示，真正重視人才的企業，不只在順境時提供舞臺，更在困境中展現誠意與制度，讓人願意留下、願意再相信。

企業能走多遠，從來不只看技術、資本或市場，而是看它如何對待人，特別是在最艱難的時刻。因為人，才是一家企業真正的動力來源與未來所在。

讓適才適所，發揮最大潛能

在西方傳說中，神在創造動物後，為牠們劃分了各自的生存領域和職責。然而，貓與老虎對這樣的安排頗有微詞，貓認為自己和老虎一樣強壯，不應該僅僅負責捕鼠，而老虎則希望能像貓一樣生活在人類的屋內，免於風吹雨打。然而，神透過合理的解釋，讓牠們明白了自己的特點與生存條件，最終各自回到了最適合自己的環境。

這個故事蘊含了一個重要的管理哲學：適才適所。企業管理與國家治理相似，最重要的就是將適合的人才安排在最適當的位置。

每一位員工，都是企業的資產

前百事可樂（PepsiCo）執行長 Indra Nooyi 曾說過：「當我寫信給員工的家人，感謝他們支持這位在百事可樂工作的成員，我不是在表演，而是在表達真心的敬意。」這句話並非場面話，而是她對人才價值的深刻體認。

在她看來，無論是高階主管還是工廠員工，每個人都代表企業文化的延伸。她強調領導者的責任，不只是管理業績，更要理解員工的動機、背景與潛能，並在正確的崗位上發揮他們的長處。

Indra Nooyi 任內推動的「Performance with Purpose（有目標的績效）」策略，不僅提升公司營運績效，也將人才培育與多元共融納入核心價值。她相信，企業的成敗與員工的參與感密不可分，而管理階層若能從尊重與信任出發，將人視為資產而非成本，組織才有可能真正成長。

這也說明，在企業中，真正的挑戰不是找到所謂的「天才」，而是如何辨識每一位員工的特質與潛力，並讓他們在適合的位置上發揮最大價值。因為唯有如此，人才才能成為企業前行的驅動力，而非靜止的資源。

馬謖的悲劇

中國歷史上，人才適用的案例比比皆是，諸葛亮揮淚斬馬謖便是一個典型的反面教材。馬謖才華洋溢，擅長軍事謀略，但缺乏實戰經驗與現場指揮能力。諸葛亮明知劉備曾告誡「馬謖言過其實，不可大用」，卻仍然寄予厚望，委派他鎮守街亭。然而，馬謖犯下致命錯誤，違反軍令選擇駐紮山上，導致蜀軍慘敗，使諸葛亮不得不含淚將其處死。

這場悲劇的根本原因在於人才的誤用。馬謖的確是個難得的人才，但他適合於戰略規劃，而非戰場指揮。諸葛亮錯誤地將他放在前線作戰的關鍵位置，最終導致重大損失。這反映出，管理者若無法準確評估人才的優勢與局限，貿然將不適任的人放在關鍵職位，不僅會影響團隊整體效能，甚至可能導致不可挽回的失敗。

企業管理的關鍵

企業經營同樣講究「適才適所」。如果讓工程師去做市場行銷，或讓內向寡言的人負責業務拓展，往往會適得其反。如何確保人盡其才？關鍵在於識才與用才。

一、識才，辨別人才特質

每個人的性格與能力不同，因此必須根據特點進行分類，進一步匹配適合的職位。例如：

1. **外向型人才**：善於社交與溝通，適合業務拓展、公關或銷售工作。
2. **隨和型人才**：擅長協作與協調，適合行政管理或人力資源職位。
3. **責任心強的人才**：可靠度高，適合承擔獨立專案或核心技術研發。
4. **自律性強的人才**：穩重冷靜，適合擔任高層管理或決策者。
5. **創新型人才**：思維敏捷，適合開拓新市場或產品研發。

二、用才，善加運用人才

1. **大材小用，浪費人才潛能**：讓一名具備卓越創新能力的員工從事重複性高的行政工作，會導致人才流失。
2. **小材大用，導致崗位失敗**：讓缺乏管理經驗的員工突然負責大型專案，可能會造成決策失誤，影響公司發展。
3. **適才適所，發揮最大價值**：透過合理的職能分配，使每個員工都能夠發揮所長，提升企業的整體競爭力。

人盡其才，企業方能長久

清代詩人顧嗣協的〈雜興〉詩中寫道：「駿馬能歷險，犁田不如牛。堅車能載重，渡河不如舟。」這句話道出了人才管理的精髓——「生才貴運用」。企業的成功，並不僅僅取決於人才的多寡，而在於如何將每個人放在最適合的位置，使其發揮最大的價值。

企業經營不同於國家治理，經不起人才錯用的風險。管理者應秉持「適才適所」的原則，透過正確的識才與用才策略，確保每位員工都能發揮最大潛力，這不僅能提升企業效益，也能有效減少因錯用人才所帶來的損失。只有讓合適的人做適合的事，企業才能穩健發展，立於不敗之地。

人才是企業發展的關鍵資源

在當今社會，人才已成為企業發展的基石，擁有優秀人才的企業往往能夠掌握市場的主動權，甚至占據競爭的制高點。許多企業主都明白這個道理，但仍然時常為人才問題而煩惱。究其原因，往往是因為他們在「人才」與「錢財」之間沒有做出明智的平衡。

人才並非隨處可得的商品，而是經過長期學習、經驗累積後才脫穎而出的菁英。有了人才，企業才能賺大錢，沒有人才，企業可能連生存都成問題。然而，在企業家渴望人才為公司創造價值的同時，他們是否也考慮過，人才本身同樣需要回報？一個付出大量努力、具備專業技能的人才，若長期無法獲得與其價值相符的待遇，最終必然會選擇離開。這也是為何許多企業家抱怨「人才跳槽」的原因之一。

蘋果如何吸引與留住人才？

在科技界，蘋果公司（Apple）以其強大的創新能力和獨特的企業文化聞名全球。然而，蘋果的成功並非僅靠創新技術，而是仰賴一群世界級的頂尖人才。蘋果創辦人史蒂夫．賈伯斯（Steve Jobs）深知人才對企業的重要性，因此他在選才與用才上採取了一系列獨特的策略，確保公司始終能吸引並留住最優秀的員工。

例如，蘋果在開發 iPhone 時，需要一位精通設計的專家來主導產品外觀設計。當時，賈伯斯發現英國設計師喬納森．艾夫（Jony Ive）擁有卓越的工業設計能力，於是特別邀請他擔任蘋果的首席設計師，並給予充分的自主權與資源，讓他能夠自由發揮。艾夫後來設計出了 iPhone、iPad 和 MacBook 等經典產品，成為蘋果成功的重要推手。

此外，蘋果也非常重視員工的職涯發展與報酬結構，除了提供有競爭力的薪資外，還設立了股權獎勵計畫，讓員工的努力能夠直接轉化為財富。這使得許多優秀人才願意長期留在蘋果，與公司一同成長。

領導者的責任，給予人才應有的待遇

企業若想留住人才，不能僅靠「忠誠」或情感訴求，更應該提供合理的待遇、制度與成長空間。早在 1990 ～ 2000 年代，臺灣科技業便已體認到這點，面對國際競爭與本土人才外流壓力，許多企業紛紛祭出股權分紅、彈性升遷與參與決策等制度，以穩住核心人才、強化組織韌性。

聯發科是這波留才策略的代表企業之一。創辦人蔡明介在公司成長初期，即大膽推動「以股代薪」制度，將公司盈餘與員工表現緊密連結，透過配股、認股權與獎酬制度激勵員工。在無法與矽谷企業比薪水的情況下，聯發科仍吸引大批 IC 設計菁英，並成功打造出臺灣少數能與國際巨頭抗衡的半導體品牌。

台積電則在張忠謀的帶領下，推動制度化的員工分紅與認股機制，且不僅限於高層，連工程師與基層主管也都能參與。他也特別重視「技術職升遷通道」，讓技術專才無需轉任管理職也能獲得升遷與報酬肯定，提升了研發人員的長期投入意願。這些制度強化了員工對公司的信任，也讓台積電成為穩定度最高的人才磁鐵之一。

宏碁 (Acer) 在施振榮的時代，也曾推動過「股權開放」的思維，允許關鍵人才持股並參與子公司運作，強調「企業是大家的」。這樣的精神也促成日後宏碁轉型為控股公司模式，讓創新事業群擁有更多自主空間，激發員工的創業思維。

華碩 (ASUS) 在施崇棠的領導下，更是以「利他共好」為用人哲學，在員工分紅之外，積極推動跨部門研發合作與內部創新提案制度。員工不只是「執行者」，而是產品與創意的參與者。公司重視員工意見，並讓優秀團隊有機會主導新產品開發，提升了人才的認同感與成就感。

這些企業的共同特質在於：他們不把員工視為成本，而是視為企業的夥伴與資產。他們知道，真正留住人才的關鍵不只是高薪，而是制度上的公平、文化上的尊重，以及長期發展的可能性。

因此，作為一位領導者，若想吸引與留住優秀人才，必須給他們的不只是工作職位，更是一個能夠實現自身價值的舞臺，讓他們看見努力的回報與未來的可能。只有這樣，企業與人才才能真正走在同一條路上，創造出持久而穩健的成功。

如何留住人才？

一、提供公平合理的薪酬

人才的價值應該與報酬成正比，若薪資待遇長期低於市場水準，企業難以吸引或留住優秀人才。

二、創造發展機會

人才不僅關心薪資，還希望能夠獲得成長機會，包括專業培訓、晉升通道與更大的決策權。

三、尊重與信任

管理者應該信任人才的專業能力，避免過度干涉或猜忌，讓他們能夠發揮所長。

四、建立良好的企業文化

一個注重人才發展與尊重個人價值的企業文化，能夠提高員工的歸屬感，使其更願意長期留在公司發展。

人才就是企業的未來

企業的成功，歸根結底取決於人才。正如蘋果與特斯拉的案例所示，人才需要適當的空間與資源來發揮所長。管理者若能夠提供與人才價值匹配的待遇，並營造良好的成長環境，則企業將能夠長期吸引並留住優秀人才，在競爭激烈的市場中立於不敗之地。因此，與其抱怨人才流失，不如反思企業自身是否提供了足夠的吸引力。只有真正懂得尊重與珍惜人才，企業才能獲得持續的競爭優勢，確保未來的成功。

放手，才能掌握全局

商戰不是個人戰爭，適用放權、授權，發揮最大效能，掌控「江山」。

放權之道，從戴爾的鑰匙到企業成功的關鍵

麥可．戴爾在創業初期，因習慣晚睡晚起，經常導致公司無法準時開門。由於他掌管著公司唯一的大門鑰匙，每當他遲到，員工們只能站在門口等候。這種情況持續了一段時間，直到公司決定將上班時間提前到早上八點，他才將鑰匙交給員工管理。

然而，企業的發展速度遠超想像，需要交出的鑰匙已不僅僅是一扇大門的鑰匙。有一天，戴爾正專注於解決系統問題時，一名員工進來抱怨他的硬幣被自動販賣機「吃」掉了。戴爾疑惑地問：「這件事為什麼要告訴我？」員工理所當然地回答：「因為販賣機的鑰匙在你那裡。」這一刻，戴爾意識到，企業管

理不僅僅是技術問題，更關鍵的是分權管理——該交出去的鑰匙，必須適時交出。

授權，領導者的關鍵能力

這個故事反映了管理中的核心概念——授權（delegation）。根據管理學之父彼得．杜拉克（Peter Drucker）的理論，成功的管理者並非事必躬親，而是懂得如何將適當的權力授予適當的人，讓組織能夠運作得更有效率。研究顯示，高層管理者的授權範圍應占工作內容的 60%～85%，中層主管為 50%～75%，基層主管則在 35%～50%。這些數據強調，組織越往上層，授權越重要。

那些過度集權的主管，往往讓自己疲於奔命，員工卻無所事事，導致整體效率低下。反之，擅長授權的主管能夠激發員工潛力，推動企業成長。例如，蘋果公司創辦人史蒂夫．賈伯斯（Steve Jobs）在重新掌舵蘋果後，選擇放手讓強大的團隊發揮專長，促成了 iPhone 的成功。同樣，亞馬遜創辦人傑夫．貝佐斯（Jeff Bezos）提倡「獨立小團隊」概念，讓員工擁有高度自主權，從而促進創新與效率提升。

從帥才與將才，看企業的授權智慧

歷史上，劉邦與韓信的對話為我們揭示了領導與執行的分工智慧。當劉邦問韓信：「你認為我能帶多少兵？」韓信答：「最多十萬。」劉邦不悅地反問：「那你呢？」韓信回說：「多多益善。」這段對話看似簡短，卻精準道出管理層級的差異：韓信是將才，擅長戰場指揮；劉邦則是帥才，擅長用人。

劉邦自己也承認：「運籌帷幄，我不如張良；治國，我不如蕭何；帶兵，我不如韓信。但我能用他們，所以我能得天下。」這種分工與授權的理念，與現代企業管理如出一轍。

以鴻海集團創辦人郭台銘為例，他早期確實事必躬親、大小事親自拍板，但隨著企業規模擴大、營運全球化，他逐漸意識到光靠個人意志已無法應對複雜多變的市場環境。於是他開始培養專業經理人，將業務分區授權予各地負責人，包括中國、印度、美國與歐洲的製造與研發中心。

例如，近年鴻海在電動車、AI 伺服器、半導體等多元化布局上，郭台銘並非親自操作每一條戰線，而是依靠子公司如鴻準、富智康與 MIH 聯盟等各自的負責人主導執行。他負責集團的整觀戰略與全球布局，而中高層主管則在策略框架下各自領軍，快速應變。

這種明確的「帥才——將才」分工，使鴻海能夠同時運作數十條產品線、服務不同市場，卻不致陷入內耗或領導過度集中的困境。

企業領導者若不懂得授權，就如同象棋中的「老將」親自衝鋒陷陣，不僅無法專注全局，還容易拖垮整體節奏。而一個懂得放手、信任團隊、建立制度的領導人，才能真正站在戰略高地，帶領企業走得更遠、站得更穩。

成功領導者必須懂得授權

企業領導者的職責並非親力親為，而是確保組織順利運作，並讓團隊成員發揮最大潛力。適時放手，授權員工，才能讓企業擁有更強的競爭力與創新力。管理者應該問自己：「我是否還在緊握著所有的鑰匙？」如果答案是肯定的，或許該思考如何將部分鑰匙交給合適的人，讓組織運作更加高效。

正如彼得·杜拉克所說：「最有效的領導者不會做所有的決策，他們專注於做對的決策，並讓團隊去執行。」

嚴肅的愛，梅考克法則與企業管理

西洛斯·梅考克（Cyrus McCormick）不僅是美國國際農機公司的創辦人，也是世界上第一臺收割機的發明者。他提出的「梅考克法則」強調，管理者在執行制度時，必須在維護紀律與關懷員工之間取得平衡。

有一次，一名老員工因嚴重違反工作制度而被開除。這名員工憤怒地對梅考克說：「當年公司債務累累時，我曾與你共度難關，如今我犯了一個錯誤，你卻毫不留情！」梅考克則冷靜地回應：「這不是我們個人的事，而是公司的規範。我必須依照制度行事。」然而，當梅考克得知這名員工因家庭變故而違規時，他立即提供經濟援助，並為該員工安排新的職位。

管理中的剛柔並濟

梅考克的「嚴肅的愛」體現了企業管理中「剛柔並濟」的智慧。管理是一門藝術，制度固然重要，但如果缺乏人性關懷，可能會抹煞員工的積極性與創造力。彼得·杜拉克（Peter Drucker）曾指出：「管理的本質是讓人發揮其所長，而非單純遵循規章。」

企業管理的核心要素之一是制度，這涉及條理、道理與事理。有效的管理制度能夠規範企業運作，防止漏洞，但過度依賴制度可能導致僵化，甚至阻礙創新。例如，亞馬遜（Amazon）與特斯拉（Tesla）都強調制度的靈活運用，讓員工在規則框架內發揮創意，而非受到過度限制。

制度與管理者的角色

制度的剛性需要管理者的柔性來補足，二者相輔相成，才能讓企業運作順暢。過度依賴制度，容易讓員工產生「事不關己」的心態，甚至刻意鑽制度漏洞。相反，成功的管理者懂得在執行制度時，適時加入人性化的關懷，以提升員工的歸屬感與責任心。

在歷史上，軍隊強調「軍法無情」，企業管理則應該在嚴格執行制度的同時，展現適當的溫情。華人企業尤其講求人情味，過度理性化或機械化的管理模式，可能會削弱員工的凝聚力與向心力。真正的管理者，不僅是制度的執行者，更是企業文化的塑造者。

恩威並重，靈活管理

企業的成功，取決於管理者能否在紀律與人性間找到平衡。泰勒制（Taylorism）所強調的「管、卡、壓」管理模式雖然能提升效率，但若缺乏適當的激勵與人性關懷，可能會導致員工缺乏主動性與創造力。

正如教育學家所言：「沒有懲罰就沒有教育。」同樣的，企業管理也必須做到恩威並重，既要維護紀律，又要展現關懷，才能讓員工在制度框架內發揮最大潛力，推動企業長遠發展。

領導者的自我管理與榜樣力量

所有將軍都希望擁有一支能夠「指哪打哪」的軍隊，企業主管同樣渴望擁有高素養的員工隊伍。然而，換個角度來看，員工們也希望他們的主管能夠真正展現領導風範。正如著名管理學家帕瑞克所言：「除非你能管理『自我』，否則你不能管理任何人或任何東西。」

比爾蓋茲：以行動帶動員工

許多人羨慕比爾蓋茲的財富，卻忽略了他成功背後的領導風格。微軟的員工曾評價他：「他不僅是個工作狂，且對標準要求極高。如果部下認為辦不到的事，他會自己拿回去做，並以近乎完美的方式完成。」在他的帶動下，微軟員工形成了「工作至上」的文化，願意為公司付出極大的努力。他們厭惡消極怠工的人，並對無能者毫不留情。他們經常連續數日工作，甚至不休息，卻樂在其中。

陳正輝：以身作則穩住王品的士氣

2021 年 COVID-19 本土疫情升溫，臺灣餐飲業受到重創，原本熱鬧的內用市場瞬間歸零，連鎖餐飲龍頭王品集團也面臨巨大衝擊。作為領導者，董事長陳正輝並未迴避壓力，而是選擇第一時間以身作則。

他主動宣布帶頭降薪，並號召高階主管一同減薪共體時艱，同時向外界承諾不會任意裁員，盡可能保住員工飯碗。王品並同步推出「外帶振興專案」與線上餐飲服務，積極轉型，讓前線員工能有工作可做，也維持與消費者的連結。

這樣的領導作風不僅穩住了內部團隊士氣，也獲得外界一致好評。在其他企業紛紛裁員、縮編之際，王品選擇堅守崗位、共體時間，讓員工感受到公司的承諾與責任感。疫情趨緩後，王品迅速恢復營運動能，展店速度反而加快，展現出強大的組織韌性。

這個案例證明，當企業面臨困境時，領導者的態度與行動，往往能成為團隊最穩定的力量。若管理者能夠率先承擔責任、與員工站在同一陣線，不僅能建立信任，也能為企業贏得關鍵的轉機與未來。真正的領導者，不只是指揮，更是一種身體力行的承諾。

然而，今日許多管理者卻扭曲了「身先士卒」的真正含義。他們在涉及利益時積極爭取，例如購物、採購、招待應酬，甚至小至辦公用品，總是親自過問。但當需要加班、承擔責任時，他們卻往往避而不見，留下基層管理人員與員工獨自面對挑戰。如此一來，企業不僅難以形成凝聚力，甚至可能導致員工士氣低落。

人格魅力，領導者的無形資產

領導者的號召力並非來自職位，而是來自人格魅力。孔子能夠讓弟子終身追隨，釋迦牟尼能夠讓信眾頂禮膜拜，關鍵在於他們的品格足以令人信服。如果一名主管缺乏人格魅力，就不應該責怪員工缺乏忠誠度。正如管理學家彼得．杜拉克（Peter Drucker）所言：「領導的本質不是權力，而是責任。」

要想成功經營企業，領導者必須先管理好自己。這意味著，他們應該展現敬業精神、勇於承擔責任，並以身作則。唯有如此，才能贏得員工的信任與尊敬，進而打造一支真正高效、忠誠的團隊。

領導者的格局：會付錢，更要會關心人

企業要求員工奉獻前，先看看自己是否給予員工足夠的尊重與回報。

人情與金錢的取捨

《論語》中記載的一則故事提到，孔子的馬廄失火，當他得知此事後，第一個問題是「人有傷乎？」而非詢問馬匹的安危。這則故事常被視為孔子仁愛之心的展現，強調人命遠勝於財物。然而，這不只是聖人境界，而是每個有基本人情味的人都應該具備的價值觀。試想，當至親面臨危機，我們應該關心的是金錢，還是他們的安危？這樣的選擇，或許並不值得討論，卻在現實中成為一種社會現象。

人情與金錢的權衡

「先做朋友，後做生意」這句話經常掛在嘴邊，但真正能夠身體力行的人卻少之又少。在利益面前，人性往往受到考驗，甚至不乏見利忘義之人。正如《紅樓夢》中所言：「世事洞明皆學問，人情練達即文章。」真正懂得人情世故，不只是圓滑處世，更是一種基於關懷與善意的智慧。人情練達的人，待人處世得宜，往往擁有廣泛的人脈，能夠在困境中獲得援助；而冷漠無情、唯利是圖的人，則容易在社會中陷入孤立，最終走向困頓。

文化對人情的影響

臺灣社會素來重視親情與人情，對於冷漠無情者，往往加以譴責，甚至以「六親不認」形容其冷酷。然而，即使在動物界，情感亦無處不在。例如，母犬護崽，老虎「虎毒不食子」，烏鴉尚知反哺，人類作為萬物之靈，若不講人情，豈不連動物都不如？

相較之下，某些西方國家則較強調個人主義，傾向於理性與權利的計算。有一位長年旅居美國的友人曾直言：「美國沒有人氣，也沒人情。」然而，儘管如此，他仍選擇留在美國，因為當地的經濟機會較多。當我問及他如何看待關心人與關心錢的取捨時，他回答：「該關心人的時候關心人，該關心錢的時候關心錢。」這句話表面上聽來合理，但實際上，何時才是「該關心人的時候」？若僅限於他人真正需要幫助時才伸出援手，那麼平時的冷漠是否已經傷害了人際關係？

關心人，才是長遠之道

美國鋼鐵大王安德魯·卡內基曾說：「擁有權利不算什麼，擁有一顆富於同情的心，才是獲得真正影響力的關鍵。」換言之，真正的成功不只是財富的累積，更在於能否贏得人心。得人心者得天下，這不僅適用於政治，更適用於商業與個人關係。當我們關心他人，他人自然會回報以關懷與幫助。

一位成功企業家曾說：「經營人心就是經營事業。如果你對所有的人好，那麼所有的人都會成為你的朋友。」父母與子女的親密關係，源自於感情的投入。同樣地，在企業經營與社會互動中，善意與情感的投資往往能帶來豐厚的回報。正所謂「種瓜得瓜，種豆得豆」，一個懂得關心人的人，不僅能收穫溫暖的人際關係，最終也能在事業與生活中獲得更長遠的成功。

人情比財富更珍貴

財富固然重要，但人情才是支撐社會穩固的基石。當我們面對利益與情感的抉擇時，不妨記住孔子「不問馬」的精神，將關懷與善意放在首位。這樣的選擇，或許不能立即帶來金錢上的回報，卻能在人生的長遠道路上，帶來無可估量的價值。

攻心為上，領導力的本質

三國時期，劉備以仁德著稱，但在一次關鍵時刻，他卻做出了一個驚人的舉動——親手將自己的兒子劉禪（阿斗）摔在地上。這一幕發生在赤壁之戰後，當時劉備正與孫尚香成婚，周瑜設計要將劉備囚禁在東吳，趙雲護送劉備回到江夏。據傳，趙雲曾在長阪坡之戰中，單騎救出幼主阿斗，這次又將他護送回劉備身邊，劉備為了安撫將士、表達對他們的重視，竟然做出了一個極端的舉動——當眾摔下阿斗，並大聲說：「為了這個孩子，險些損失了一員大將！」

這樣的行為，乍看之下冷酷無情，但從領導學的角度來看，這其實是一次高超的「攻心」之舉。劉備深知，自己要建立的是一個強大的團隊，而非僅僅是一個家族政權。他需要讓部下知道，在他的心中，兄弟情誼與國家大業的重要性遠超個人親情，只有這樣，才能讓手下將士真正死心塌地地追隨他。

領導者如何贏得人心？

兵家講究「攻城為下，攻心為上」，其中的「攻心」，不僅是對敵軍的心理戰，更是對自己手下的心理經營。古人云：「三人同心，其利斷金。」一支軍隊如果能夠上下一心，就能戰無不勝。劉備的「摔阿斗」，實則是在向手下傳遞一個訊息 —— 我雖然重視親情，但兄弟與事業更重要。這種「捨小家，顧天下」的表現，使得關羽、張飛、趙雲等人更加忠心耿耿，願意為劉備出生入死。

這樣的策略，在現代企業管理中同樣適用。一位領導者，如果只關心自己的利益，而忽視團隊的需求，那麼他的團隊將無法凝聚。而如果他能夠展現對下屬的重視，並讓大家感受到共同的使命與價值觀，那麼員工的向心力將大幅提升。

關心員工，建立「心的連繫」

劉備「摔阿斗」，某種程度上與現代企業家松下幸之助的「請來主廚」有異曲同工之妙。松下在餐廳吃飯時，特地請來負責烹調的主廚，親自向他說明自己沒有吃完牛排的原因，以免對方誤以為是料理問題而難過。這樣的舉動，表面上只是小事，卻充分展現了一位領導者對團隊成員情感的細膩關懷。如果這樣的領導者是你的上司，你是否會更願意為他效力？

企業經營者常常強調「讓員工以廠為家」，但若企業只是片面地要求員工奉獻，而不給予足夠的關懷與尊重，這樣的「家」是不可能成立的。本田汽車創辦人本田宗一郎曾明確表示：「我不要求員工為公司工作，我要他們為自己的幸福努力。」當員工能夠在企業中找到自己的價值，並獲得真正的尊重與關懷，他們的投入度與忠誠度將遠超單純的薪資報酬所能帶來的效果。

領導力的核心，在於共情與尊重

真正優秀的領導者，不只是決策者，更是影響者。他們懂得用行動來展現自己的價值觀，並透過對下屬的關懷與尊重，建立起長久的信任關係。劉備的「摔阿斗」，本田宗一郎的「不強求員工為企業奉獻」，以及松下幸之助的「請來主廚」，都展現了領導者如何透過細緻的攻心策略，來凝聚人心、打造強大的團隊。

領導，不是權力的施展，而是影響力的傳遞。當所有成員都願意共同為目標努力時，這個組織才能真正發揮最大的效能。

員工奉獻的前提：企業是否值得奉獻？

市場上的管理類與職場類書籍長期暢銷，反映了一個現象：企業希望員工更努力，而員工則希望自己能拿到更多回報。管理層總是試圖透過激勵機制來提升員工的生產力，而員工則在尋找應對職場規則的方法，這種矛盾導致了企業與員工雙方的博弈。而這場博弈的核心問題是 —— 員工應該為企業奉獻嗎？答案是肯定的，但問題在於，企業是否真的值得員工的奉獻？

經營人心，而非單純壓榨

企業管理學者彼得．杜拉克（Peter Drucker）曾說：「管理的本質不是控制，而是激勵與提升。」如果企業只是要求員工「無條件奉獻」，而沒有提供相應的關懷與激勵，那麼員工的忠誠度勢必會下降，進而影響企業的長遠發展。

美國國家罐頭食品有限公司的總裁法蘭克．康塞汀（Frank Considine）便是一個成功的案例。他的管理哲學是：讓員工在工作中找到自豪感，即使只是擦地板，也能感受到自身價值。他不僅提供娛樂活動讓員工放鬆，還建立心臟保健計畫，甚至親自與夜班員工對話，確保每位員工都能感受到企業的關懷。這種「以人為本」的管理方式，讓企業的日產量從 100 萬個罐頭提升至 200 萬個罐頭，展現出管理的真正價值——人心的凝聚才是企業效益的關鍵。

以洗杯子的 CEO 談領導者姿態

Netflix 的總裁里德．哈斯廷斯（Reed Hastings）分享過一段個人經歷，生動地詮釋了真正的領導力。他年輕時在新創公司奮力工作，但習慣隨手亂放咖啡杯，直到某天意外發現，公司 CEO 竟然親自幫員工洗杯子，而且已經持續了一年多。當他驚訝地詢問原因時，CEO 的回答是：「你為公司付出那麼多，這是我唯一能回報你的方式。」

這種領導方式並不是單純的「謙卑」，而是對員工價值的真正認可。當一個領導者願意主動為員工做一件小事，這代表著他重視的不只是業績，而是整個團隊的感受。這樣的行為會讓員工自發性地回應，產生更強的向心力，進而提升整體績效。

值得員工奉獻的企業，才能真正成功

員工為企業奉獻的關鍵，在於企業是否值得員工信賴。法蘭克．康塞汀透過建立信任與尊重來提升生產力，Netflix 的 CEO 則透過身體力行展現對員工的關懷。這些案例都證明了經營企業不只是數字遊戲，更是人心的經營。

企業若想要求員工更多的奉獻，首先必須建立一個讓員工願意付出的環境。如果領導者只關心成本與利潤，卻不願意對員工投入關懷，那麼企業終將面臨員工流動率高、士氣低落的問題。而當員工能夠感受到企業的誠意，他們自然會願意投入更多，形成正向循環。

領導力不在於權威，而在於共鳴

管理學大師約翰．科特（John Kotter）曾指出：「管理者的工作是讓員工做事，而領導者的工作則是讓員工想做事。」這正是領導力的本質——透過共鳴與尊重，讓員工願意自發地追隨。

如果你是企業的領導者，請問自己：你願意為你的員工洗杯子嗎？你願意像康塞汀一樣，親自關心員工的健康與工作感受嗎？如果你的答案是肯定的，那麼你的企業將不只是運作順暢的機器，更是一個擁有強大凝聚力的組織。這，才是真正的企業競爭力。

求財，還是求福？

擁有錢財不代表擁有幸福，學會取捨，才能真正享受人生。

金錢與尊嚴的抉擇

金錢的影響力，在某種程度上甚至能超越軍事武力。歷史與現實皆顯示，許多人為了金錢甘願屈膝，這並非新鮮事，在我們身邊隨處可見。有些人表面上不在乎金錢，但內心早已臣服於它；有些人雖未為錢屈膝，卻為錢逢迎拍馬，這些行為本質上並無差別，皆是對金錢的屈服。

金錢的雙面性

金錢，是最具吸引力的事物之一，也是最現實的存在。在社會保障尚不完善的情況下，金錢不僅僅是物質的象徵，更是生存的保障，使人難以忽視。然而，追逐金錢的方式卻決定了一個人的尊嚴。真正值得敬佩的人，是那些站著賺錢的人，他們不僅維護了自身的尊嚴，也維護了金錢應有的價值。

人們常說「錢是萬惡之源」，但事實上，金錢本身無罪，它是一種中立的工具。若落入正直之人手中，便能創造福祉；若掌握在惡人手裡，則可能淪為罪惡的幫凶。金錢本身沒有意識，真正決定它用途的是人心。因此，一個人既可以卑躬屈膝地為金錢獻媚，亦可堂堂正正地去追求財富，關鍵在於選擇。

「賺錢」與「掙錢」的區別

值得深入探討的是「賺錢」與「掙錢」的區別。一位學者曾指出，「賺」字中的「貝」代表金錢，「兼」則意指兼顧多方，寓意用錢去生錢，屬於資本運作；而「掙」字則由「手」與「爭」組成，象徵透過勞力與奮鬥換取報酬。由此可見，賺錢依賴智慧與策略，而掙錢則需要汗水與拚搏。

這兩種方式在社會中並存，有人選擇「賺」，透過靈活運用資本與人際關係創造財富；也有人選擇「掙」，依靠勤奮與勞動換取報酬。然而，部分人則因對金錢的過度渴望而不擇手段，甚至放棄尊嚴，跪著、爬著去賺錢。還有些人雖然不失尊嚴，卻因為對金錢的極端執著，導致無所不用其極，爭鬥不休。與之相比，仍有少數人選擇安貧樂道，寧可維持清貧，也不願成為金錢的奴隸。

君子愛財，取之有道

古人云：「君子愛財，取之有道。」真正的君子並非不重視財富，而是選擇合乎道義的方式來獲取。人生在世，應當懂得取捨——有些東西應該珍視，而有些東西則應適時放手。金錢誠然重要，但比起成為富人，成為有素養、有操守的人更加可貴。

人們往往以對待金錢的態度來評判一個人的品格，然而，是否為君子或小人，某種程度上也受到能力的影響。例如，陶淵明等古代文人之所以選擇貧困生活，並非無能，而是因為不願向權勢屈服；而有些人之所以鋌而走險，則是因為缺乏生存的本領，只能靠投機取巧維生。俗話說：「有頭髮誰願意做禿子？」若能具備真正的能力，何須委曲求全？既然如此，何不努力提升自身實力，光明正大地創造財富，而非依靠卑微的手段苟且偷生？

追求財富的正確態度

金錢的價值在於使用它來創造更好的生活，而不是成為它的奴隸。與其跪著賺錢，不如站著賺錢，透過知識、技能與努力獲取財富，既可維護個人尊嚴，也能讓金錢發揮正向作用。

當我們理解了金錢的本質，便能以更成熟的態度面對財富，進而活出真正有價值的人生。

金錢與幸福的平衡

賺錢的目的無疑是為了讓生活更舒適，但令人費解的是，無論是貧窮的人，還是已經擁有財富的人，都時常為金錢而憂心忡忡。那些資產足以花上數輩子的富豪，仍然日復一日地為財富奔波，甚至承受著更大的壓力。

金錢固然能帶來安全感，但它同時也剝奪了許多人的快樂。在現代社會，為了賺錢，我們清晨六點趕著捷運、公車，工作時不敢有絲毫懈怠，深夜仍在加班，甚至犧牲假期和家庭時光。然而，即使如此，許多人仍無法累積可觀的財富，反而承受了無盡的煩惱。西方有句諺語：「財產越多，好夢越少；妻子越多，安寧越少；僕人越多，麻煩越多。」這句話道出了金錢與幸福之間的矛盾關係。

事實上，先哲早已看透這一點。「有福」是人們的終極追求，而「有錢」只是其中的部分因素。金錢能夠改善物質條件，卻不一定帶來真正的幸福。

失去平衡的富人

筆者曾經見過幾位財富驚人的企業家。他們不僅擁有金錢，還握有地位與權力，但這並未讓他們擁有「福氣」。例如，一位張老闆身家上億，卻因糖尿病隨身攜帶注射器，每日定時施打胰島素；另一位周老闆雖然擁有豐厚財富，但他的多個子女只對他的財產感興趣，無人願意真心關心他。

相較之下，也有一些人雖然財富不多，卻擁有簡單而幸福的生活。筆者因職業關係，經常工作到深夜，鄰居們對此深感佩服，認為雖然我賺不了大錢，但至少可以溫飽。但也有人不以為然，認為「有錢難買踏實睡一覺」，並表示：「再多的金錢，也換不來一夜好眠。」這句話道出了人生的本質：人可以不賺錢，但不能不睡覺。賺錢是一生的追求，而睡覺則決定了一生的長度與品質。

何謂真正的幸福？

關於人生的智慧，禪宗有一則著名的故事。一位弟子向唐代高僧大珠慧海請教如何修道，禪師回答：「當我們餓了，就吃飯；睏了，就睡覺。」弟子疑惑道：「這世上誰不是餓了吃飯，睏了睡覺？難道這就算修行？」禪師回應：「許多人吃飯時心不在焉，充滿挑剔；睡覺時思緒紛飛，無法安然入眠。」這則公案告訴我們，真正的幸福來自於「平常心」，即專注當下、活在當下，既不極端追逐金錢，也不刻意鄙視財富。

然而，平常心並非每個人都能擁有。現代社會裡，大部分人仍然為金錢焦慮，即便已經擁有了財富。

財富與幸福的抉擇

美國石油大王約翰·D·洛克斐勒（John D. Rockefeller）曾是全球最富有的人。他年輕時一心追逐財富，將賺錢視為人生最大樂趣，甚至當場為成功交易興奮地跳舞。然而，當他遭遇事業挫折，便會因焦慮而病倒。隨著財富累積，他的敵人也越來越多，甚至有人公開威脅他的生命。

儘管他嘗試用保鏢與強硬態度來應對輿論壓力，但內心仍然無法釋懷。他開始失眠、消化不良、掉髮，身體狀況每況愈下。最終，醫生給他開出了一個「選擇題」：要麼退休享受生活，要麼繼續累積財富但犧牲健康。

洛克斐勒選擇了退休，並按照醫囑改變生活方式。他開始放慢腳步，關注健康，學會與人建立真正的友誼，並積極從事慈善事業。他大力捐助醫療研究，資助科學家開發盤尼西林，甚至幫助政府消滅寄生蟲疾病。最終，他不僅扭轉了世人對他的負面印象，還成功延長壽命，活到了 98 歲，成為當時壽命最長的億萬富翁之一。

求財，還是求福？

洛克斐勒的經歷告訴我們，金錢與幸福並非絕對對立，但必須尋找平衡。如果一個人為了賺錢而犧牲健康與快樂，那麼即使擁有再多財富，也未必能享受生活。反之，若能在合理的範圍內追求財富，同時維護內心的寧靜，才能真正獲得圓滿的人生。

那麼，在金錢與幸福之間，你又會如何抉擇呢？

欲望與健康的抉擇

人類最大的敵人，不是金錢的匱乏，而是無窮無盡的欲望。許多人之所以生活痛苦，並非因為貧窮，而是因為被各種無法滿足的渴望所折磨。當無法控制欲望時，人們便容易陷入對物質的狂熱追逐，最終迷失自我，甚至賠上健康與生命。

成功的代價

古人云：「魚與熊掌，不可兼得。」在人生的天秤上，獲得財富往往意味著某些犧牲，例如家庭時光、心理健康，甚至是身體機能。成功的企業家多半憑藉堅韌不拔的精神和廢寢忘食的工作態度，才得以在競爭激烈的市場中突圍。然而，這種「拚命三郎」的模式，往往也讓他們付出極為沉重的代價。歷史與現實皆證明，許多事業有成的人，最終因過勞、壓力過大而崩潰，甚至英年早逝。

以 IBM 前總裁為例，他早在事業巔峰時便被診斷出心臟病，但仍舊拒絕休息。醫生為了讓他醒悟，特意帶他到墓地，看著一座座墓碑，他終於意識到健康的重要性，隔日便遞交辭呈，開始全新的生活。這是否意味著，只有當醫生警告我們，甚至當生命亮起紅燈時，我們才願意醒悟？

健康是 1，其他是 0

有句話說：「健康是 1，財富、成就、快樂都是後面的 0。若沒有健康這個 1，再多的 0 都毫無意義。」這句話雖然簡單，卻蘊含了人生最深刻的智慧。許多人習慣了無休止地工作，習慣了將未來的計畫不斷提前，然而身體卻無法如意志般強韌。

他們在苦撐，直到某天終於無法支撐，才驚覺已經失去了最重要的東西 —— 健康。

股神巴菲特曾說：「習慣的鏈條，在斷裂之前，總是輕到難以察覺。」這句話適用於投資，亦適用於人生，更適用於健康。疾病的累積並非一夕之間發生，而是長期忽視自身狀況、無節制透支身體的結果。

適當的努力，才是長久之道

社會上常用「日理萬機」、「夜以繼日」來形容成功人士的勤奮，然而，企業領導者、億萬富翁，真的比普通人更辛苦嗎？或者說，他們應該如此辛苦嗎？

不論是主管還是普通員工，勤奮是成功的必要條件，但「勤奮不等於過勞」。機器尚且需要定期保養與維修，人亦需要適當的休息與調整。該拚搏的時候全力以赴，該休息的時候適時放鬆，才是長久之計。否則，即使擁有再多財富，也只是為醫生和藥廠打工，最終換來無限的遺憾。

財富與健康的平衡

健康是一切的載體，沒有了健康，一切都將失去意義。真正的成功，不是單純累積金錢，而是在創造財富的同時，亦能維持健康的身心。這樣，我們的財富才得以真正享受，人生才不至於徒留遺憾。

財富若與健康不匹配，最終將只是鏡花水月。我們應該時刻提醒自己：賺錢固然重要，但活得健康、快樂，才能真正不枉此生。

後記

富思維的選擇權，掌握在你手中

回顧本書，我們會發現一個貫穿始終的核心信念：「財富，始於思維，成於行動。」這不僅是一句口號，而是經由無數成功者驗證的現實法則。

本書一開始便提出：「致富不是環境的恩賜，而是選擇與行動的產物。」這樣的觀點，在各章節中透過王永慶、郭台銘、張忠謀、孫正義、賈伯斯、巴菲特、霍華德．舒爾茲等人的人生歷程，屢屢得到印證。他們的起點或許平凡，但共通之處在於，他們都不甘於命運安排，而是主動思考、勇於選擇、堅定行動。

財富的起點：從思維突破開始

財富的第一道門檻，往往不是金錢的缺乏，而是心態的限制。故事中的街友雖然一夕成為千萬富翁，卻仍選擇「換一個乞討用的碗」，反映出貧窮不只是物質的短缺，更是思維的固化。

書中透過約瑟夫．墨菲的「潛意識致富法則」提醒我們，若我們無法真正接受自己值得擁有財富，就算機會降臨，也無法抓住。比起短暫的運氣，長期的思維與認知改造，才是打造財富體系的根本。

行動比運氣重要：致富者皆是行動派

賈伯斯曾說：「我對未來毫無把握，但我知道不行動就什麼也不會發生。」這正是本書中強調的第二層次：行動力勝過等待。無論是創立台積電的張忠謀、打造星巴克王國的舒爾茲，還是捨棄淘金轉賣水的亞默爾，他們都不是等待機會降臨的人，而是創造機會的人。

而這樣的行動力背後，並非盲目衝動，而是源於長期累積的專業與觀察力。黃仁勳、曾信儒等人在踏出創業第一步前，早已深耕技術與市場，將看似偶然的成功，變成必然的結果。

逆境思維：在困境中尋找翻身契機

真正的富思維，從來不會把失敗當作終點。相反，它善於從逆境中提煉動能。

洛克斐勒年少時被攝影師趕出班級合照，卻因此立下成為世界首富的誓言；王永慶童年貧困卻從米店學會經商智慧，成為「經營之神」；舒爾茲出身寒門，卻從打工中淬鍊出對品牌與體驗的敏銳嗅覺。

他們共同證明了一件事：不是環境成就人，而是人決定如何看待環境。

成功的本質：知識＋行動＋靈活應變

財富不只是勇氣的試煉，更是智慧的體現。本書以芬蘭、李嘉誠、比爾蓋茲的故事指出：真正的致富之道，來自於知識的深化與智慧的運用。知識能改變命運，但若不能內化、實踐，就只是堆積資訊。

從「知」轉為「智」，需要主動的學習、批判性的思考、與實踐的融合。正如曾信儒從皮鞋興趣走到「林果良品」，靠的不是一腔熱情，而是對市場的深度洞察與精準行動。

而這樣的智慧，也意味著懂得放下錯誤的執著。在 BlackBerry 錯失轉型機會的案例中，作者提醒我們：執著不是成功的萬靈丹，懂得在關鍵時刻轉彎、調整策略，才能真正邁向財富之路。

品格與人脈：財富的底層結構

賺錢是結果，但做人是根本。本書特別強調：品牌的靈魂是人品，人脈的關鍵是信任。凱薩琳誠信經營麵包店、張忠謀堅守誠信與社會責任、星巴克重視員工與公平貿易……這些都是在說明，成功不是短暫的投機，而是建立在信任與價值觀上的長期堅持。

同樣地，人脈不是資源的掠奪，而是關係的經營。故事中的創業失敗者因背棄信任而瓦解團隊，而 ZARA 與合作夥伴的共贏模式則證明了：共榮，才是最穩固的成功根基。

我們可以從那則「天堂與地獄的湯匙」故事，讀出本書最終的哲理：財富不是你能盛多少食物，而是你能為他人送去多少。換句話說，真正的致富不僅關乎個人成功，更是讓他人因你而受益。

這不僅是商業倫理的體現，更是思維層級的升級。當你不再只問「我能賺多少」，而是思考「我能創造什麼價值」時，你的財富，就不再只是存摺上的數字，而是影響力與生命意義的總和。

財富，是一場持久戰。它不在他方、不靠偶然，而是從你現在的一個選擇開始 —— 選擇積極的心態、選擇具體的行動、選擇持續的學習、選擇對錯誤的反思、選擇對價值的堅持。

這本書不是一本「教你快速致富」的神奇配方，而是一本幫助你重新了解「自己能選擇什麼」的思維教科書。

未來永遠屬於那些願意負責、願意學習、願意改變的人。

財富的選擇權，從來不在命運的手中，而在你此刻的腦海與腳下的行動。

電子書購買

爽讀 APP

國家圖書館出版品預行編目資料

財富選擇權！窮思維 vs. 富思維：你的未來不是取決於環境，而是行為致富 / 許哲睿 著 . -- 第一版 . -- 臺北市：財經錢線文化事業有限公司, 2025.05
面；　公分
POD 版
ISBN 978-626-408-274-7(平裝)
1.CST: 成功法 2.CST: 財富
177.2　　　　114006122

財富選擇權！窮思維 vs. 富思維：你的未來不是取決於環境，而是行為致富

臉書

作　　者：許哲睿
發 行 人：黃振庭
出 版 者：財經錢線文化事業有限公司
發 行 者：崧燁文化事業有限公司
E-mail：sonbookservice@gmail.com
粉 絲 頁：https://www.facebook.com/sonbookss/
網　　址：https://sonbook.net/
地　　址：台北市中正區重慶南路一段 61 號 8 樓
8F., No.61, Sec. 1, Chongqing S. Rd., Zhongzheng Dist., Taipei City 100, Taiwan
電　　話：(02) 2370-3310　　　傳　　真：(02) 2388-1990
印　　刷：京峯數位服務有限公司
律師顧問：廣華律師事務所 張珮琦律師

定　　價：375 元
發行日期：2025 年 05 月第一版
◎本書以 POD 印製